Paris Style

Kasumiko Murakami

Little More

もくじ

宮廷絵巻のようなウォールペーパー

Papier Peint

うっすらと残っている灰色の染み、ピアノをずらした痕、猫が引っ掻いてはがれた壁紙。どれも忘れかけた記憶とゆるやかにつながっていく。パリでは何度も引越しをしたが、十七世紀や十八世紀の建物だったので、水廻りだけは気になったけど、あとはそのままにして壁の下の部分だけをグレイに、横に通った張り板を鈍い黄金色に塗っていた。目立たなくてもそれが私なりのひそかなスタイルだった。

パリに二十年暮らしていたので、インテリアについてもついフランス風に考えてしまう。どうして日本では壁紙はいつも無地なのか。フランス庭園の噴水の音がきこえてきそうな図柄とか、極楽鳥が飛んでいる熱帯樹林の図とかの壁紙にしたら、部屋の雰囲気は一変するのに。

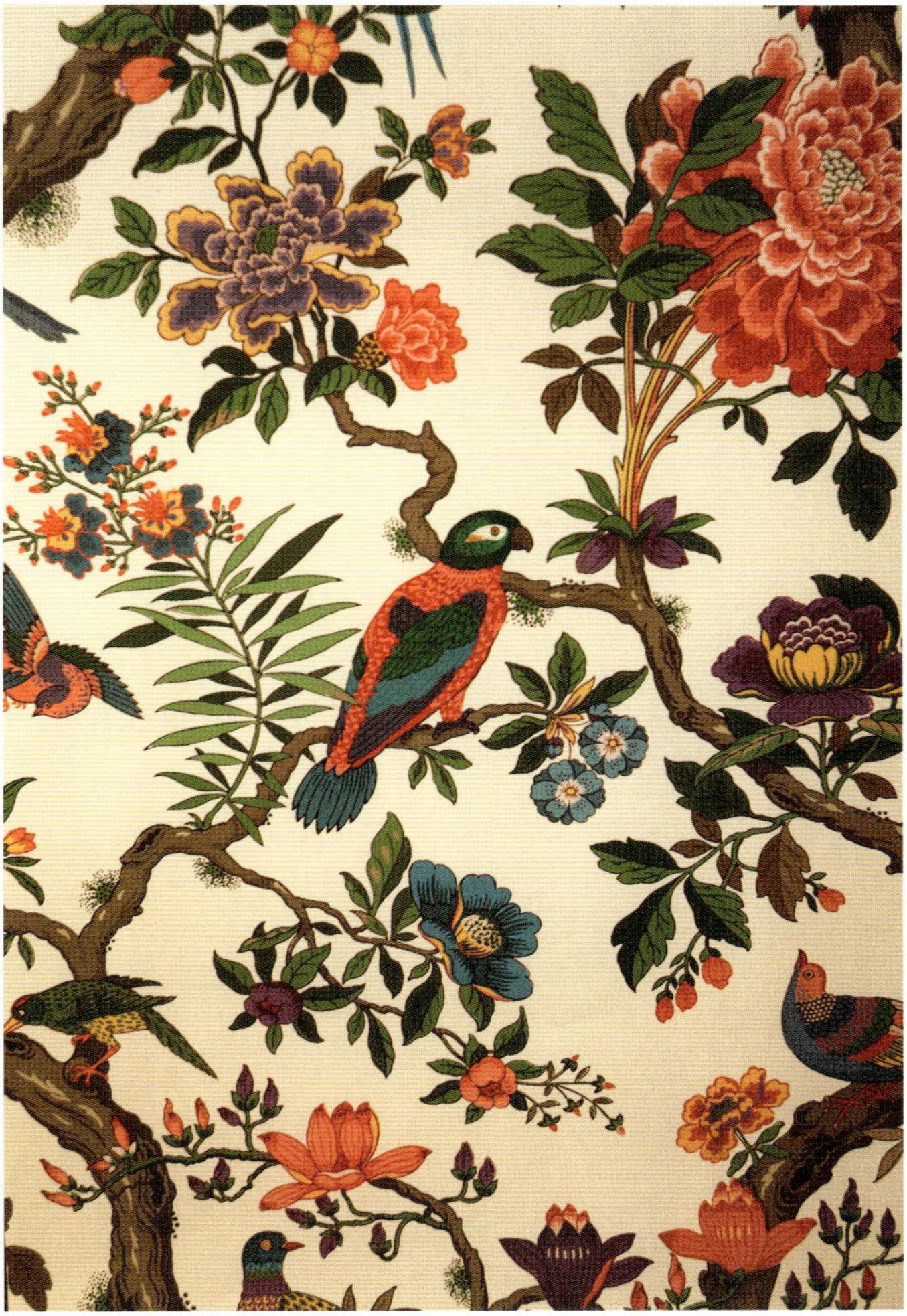

モダンな柄も、クラシカルな柄も、センスのいいブランドのものが揃っている「オー・フィル・デ・クルール」の壁紙。

Au fil des Couleurs

地図 D 5-d
31 rue de l'Abbé Grégoire 75006
Tel: 01 45 44 74 00
月～土 10h30-18h30
www.aufildescouleurs.com/

そうした伝統のモチーフの壁紙を扱っている店として、左岸の老舗デパート、ボン・マルシェの裏手に「オー・フィル・デ・クルール」という専門店がある。十八世紀に生まれた〝トワル・ドゥ・ジュイ〟という西洋更紗《さらさ》に風景画を描いた壁紙壁布を中心に、ピエロ柄の子供部屋のための壁紙や幾何学模様など、フランスに伝わる三〇〇〇種類もの図柄を扱っている店だ。

もう一軒は、バスティーユ広場の近くにある「アントワネット・ポアソン」。若い美術修復研究家三人が十八世紀の手法で、クラシカル・モダンなウォールペーパーをデザインするアトリエを開いている。ブランド名もルイ十五世に寵愛を受けて、壁紙を好んだポンパドゥール侯爵夫人、ジャンヌ＝アントワネット・ポアソンからつけたものだというから、いかにも壁紙偏愛集団らしい。工房を見学するだけでも、愉しいところだけど、あらかじめ予約を入れなければいけないという。古い幾何学模様を現代風にアレンジしたものなど、新鮮なモチーフがみつかる。

ANTOINETTE POISSON
地図 G 3-b
12 rue Saint-Sabin 75011
Tel: 01 77 17 13 11
予約制
www.antoinettepoisson.com/

天使の肌のシーツ

Linge de Maison

窓の向こうが雨模様の昼下がりは、アランの『幸福論』でも読みながら、「アデル・ショウ」の柔らかいガーゼのシーツにくるまれて、ベッドに寝そべっていたいものだ。そんなのは現世的なしあわせにすぎない、といわれても、それでも構わない。アランを読んでいると、そういう気分になってくる。

　シーツは、夏場は麻地が肌にひんやりとして心地がいいし、冬は絹地が暖かい。最高級ホテルのシーツに麻地が多いのは、それは麻地が皺になり易く、アイロンに手間が掛かり、人手がなければ使えないが、高級ホテルではそれができるからだときいたことがある。

「アデル・ショウ」には、パリにいく度に立ち寄っているが、シーツや枕カバーだけでなく、厚手木綿やキャンバス地のものが色々置いてあり、

ADELE SHAW SOCIETY

地図 B 6-d
33 rue Jacob 75006
Tel: 01 42 60 80 72
月〜土 10h30-19h30
www.societylimonta.com/

自然界の色調が、見事に麻地の品質とマッチして、アースカラーや草花の色のシーツには、こころを奪われてしまう。

先日も赤土色の大型バッグを買ってしまった。

ナチュラルな素材で、優しい感触の麻地のシーツやカーテンを扱っている「カラヴァンヌ」のものも悪くない。パリに住むデザイナーのひとたちの自宅では、よく「カラヴァンヌ」のものを使っていた。

イエナ広場にある「ノエル」はいかにも伝統を大切にした老舗高級店で、十九世紀末から続いていて、シーツやナプキンなどに、イニシャルの刺繍をしてくれる。それも十八世紀様式の刺繍を専門にしているので、結婚祝いや出産祝いの贈り物に使われている。

シーツはベッドで使うものだと思っていたが、パリに住んでからは、それがカーテンになることを知った。それも無造作にカーテンレールに掛けて吊るすだけか、または洗濯バサミでつり下げていたりする。砂色の厚手の麻地を下げると、朝方の陽光が薄らと入ってきて、非現実な空間が生まれ、まるでヴェルディ・オペラの舞台照明みたいになる。パリのインテリア感覚はとてもフリー・スタイルだ。

NOËL LINGE DE MAISON

地図 F 5-d
1 avenue Pierre 1er de Serbie-Place d'Iéna 75116
Tel: 01 40 70 14 63
月〜土 10h30-19h
www.noel-paris.com/

Caravane

地図 G 2-a
6 rue Pavée 75004
Tel: 01 44 61 04 20
火〜土 11h-19h
www.caravane.fr/

香水と名前
Parfum

パリに住み始めて間もなく、パーティーの席で、東京にいた頃つけていた香水〝アマゾン〟の調香師のモーリス・モランに出会った。カシス系にフローラルが混じったその甘美な香りを、三十代の私はとても気に入っていたので、目前の年配の男性が、その香りを調香したときいて、つい調子に乗り、名前の由来まで披露した。

「私の名前は香住子ですけど、母の名に菊が入っていたので、父が〝菊の香りの中に住む娘〟という意味でつけたそうです」

それから数日後、当時フランスの香水協会の会長だったそのモーリス・モランから、贈り物が届いた。開けてみると中から香水の小瓶が出てきて、ラベルに〝KASUMIKO〟と記されていた。

最近の調香師で気になるのは、「シャネル」のオリヴィエ・ポルジュで、彼のつくった〝ミシア〟はアイリスの香りがする。

CARON
地図 E 2-b
90 rue du Faubourg Saint-Honoré 75008
Tel: 01 42 68 25 68
月～土 10h30-19h
www.parfumscaron.com/

CHANEL
地図 B 4-c
31 rue Cambon 75001
Tel: 01 44 50 66 00
月～土 10h-19h
www.chanel.com/fr_FR/

香水のオートクチュールといえる「ル・ラボ」は米生まれのフレグランスだけど、仏グラースの香料。客の前で調合。

L'Artisan Parfumeur

地図 G 2-a
32 rue du Bourg Tibourg 75004
Tel: 01 48 04 55 66
月〜土 10h30-19h30
www.artisanparfumeur.fr/

ANNICK GOUTAL PARIS

地図 B 5-c
14 rue de Castiglione 75001
Tel: 01 42 60 52 82
月〜土 10h-19h
www.annickgoutal.com/

今では自分の香りをもっているひとも少ないが、パリでは母が「キャロン」をつけていたから、または「アニック・グタール」を愛用していたから、という理由で、母親と同じ香水店を選ぶ女性もいる。ヴァネッサ・パラディが好きな香りだという〝アンバー水〟の「ラルチザン・パフューム」では、香水教室を開いていて、三時間コースや四日間コースがある。左岸のビュシー市場の近くにあるＮＹ生まれの「ル・ラボ」は、残り香を重視するというその新鮮なコンセプトだけでなく、自分のための香りを目前で調香してくれる。

ココ・シャネルは「香水をつけていない女性には、未来がない」といっていたそうだ。初めてパリにいった頃、当時結婚していた私に、義母が「パリではね、香水をつけないで外出するのは、まるで裸で出かけるようなものなのよ」といったのを覚えている。彼女は枯れた薔薇の花びらを、クロゼットの中に入れ、ドレスに香りをつけていた。近日、仏香水協会による香水美術館がオープン予定だというから、それも楽しみだ。

LE GRAND MUSÉE
DU PARFUM

（2016年12月開館予定）
地図 E 2-b
73 rue du Faubourg Saint-Honoré 75001
www.musee-du-parfum.fr

LE LABO

地図 B 6-d
6 rue de Bourbon le Château 75006
Tel: 01 46 34 37 65
月～土 11h-19h
www.lelabofragrances.com/

手芸店、プレゼントはこころを込めて

Mercerie

薄暗い店内には、無数の小さな抽き出しが並んでいる。静けさに包まれたリボン専門店「ウルトラモド」には、十九世紀からそのまま時が停滞し、ノスタルジックな雰囲気の中、色褪せたボルドー色のリボンや帽子を飾る幅広の花柄リボンなどが、抽き出しの奥で眠っていた。

日頃は手芸とは縁遠い私が、「ウルトラモド」にいくようになったのには理由がある。出版社に勤めていた友人のジルに連れられて、サン・ルイ島のギィ・ドゥ・ロスチャイルド男爵の邸宅〝ランベール館〟にいった時、丁度クリスマスの少し前だったので、男爵はプレゼントの用意をしているところだった。孫たちが多いので大変です、といいながら、プレゼントをつつむ包装紙を取り出していた。

「ブランド名の入った紙に包んで、贈り物をあげることほど、相手に失

Ultramod Paris

地図 B 4-d
4 rue de Choiseul 75002
Tel: 01 42 96 98 30
月～金 10h-18h
www.ultramod-paris.com/boutique/fr/

天井の高い店内。世界にひとつしかないリボンが小さな抽き出しに隠れている？　みていると時間が経つのを忘れる。

礼なことはないですからね」そういって男爵は私たちに笑いかけた。

その言葉をきいてからは、私も大事な友人へのプレゼントは、「ウルトラモド」のリボンを使って自分で包み直すようになった。買いにいく時間のない時は、カラフルな糸を使って、包むことにしている。もらう側も、ひと手間掛かったプレゼントというのは、嬉しいものだ。

ボタンやレースを探している時は、マレ地区にある「アントレ・デ・フルニスゥール」にいっていた。以前、結婚式の招待状の文字をクロス刺繍で書いたものを、もらったことがあった。十七世紀のヴェルサイユ宮の宮廷人たちも、大事な婚礼の招待は、優雅に文字を刺繍にしていたという。私の職場だったフィガロの新聞社の近くには、手芸店「サジュ」というところがあって、十九世紀からの伝統的な刺繍の図柄が色々飾られていて、お店の人に、〝世界一素晴らしい手芸店〟というタイトルの、その店の記事をみせてもらったことがある。今ではもうこの手の手芸専門店は、パリでもあまりみつからない。

SAJOU

地図 A 1-b
47 rue du Caire 75002
Tel: 01 42 33 42 66
月～土 10h-19h
www.sajou.fr/fr/

Entrée des Fournisseurs

地図 G 2-a
8 rue des Francs Bourgeois Au fond de la cour 75003
Tel: 01 48 87 58 78
月～土 10h30-19h
www.lamercerieparisienne.com/fr/

シスターの雑貨店からバザールまで

Bazar Chic

美しいシスターだった。アーモンド状の目が少し笑っているようにみえる。まだ二十代かもしれない。

「私、以前は〝ケンゾー〟で働いていました」とそのシスターはいった。一体どのような心の経緯でファッション界から、カトリックの修道女に転身したのだろうか。怪訝な顔をしている私に、近くに修道院で作った雑貨を売っている店がある、と彼女は教えてくれた。

「結局どこにいても同じですよ」

別れ際に彼女はいったが、なにか辛い体験をして、それがいつまでも付いて回るという意味なのかどうかは、分からなかった。いずれにしてもひとは自分の影から逃れることはできないものだ。

彼女に教わった雑貨店「モナスティカ」には、刺繍をしたブックカバーや蜂蜜、キャンドル、香料、ヌガー、スリッパなど、修道院で心を込め

INES DE LA FRESSANGE PARIS

地図 B 6-c
24 rue de Grenelle 75007
Tel: 01 45 48 19 06
月～土 11h-19h
www.inesdelafressange.fr/fr/

MONASTICA

地図 G 3-a
10 rue du Pont Louis-Philippe 75004
Tel: 01 48 87 85 13
月～金 10h-18h、
土 10h-12h,13h30-18h30
www.monastic-euro.org/index.php

て作られたものが置かれている。

　左岸のグルネル通りにオープンしたばかりの「イネス・ドゥ・ラ・フレサンジュ」は、プロヴァンスの香りのする籠やリネン類、台所用品、キャンドルなどがあって、パリ土産もみつかりそうだ。

　十六区のモーツァルト通りには、〝パリでもっともハイプなショップ〟として、英語版「フォーブス」に紹介された「タルマリス」があるが、ここは雑貨店、といっても高級雑貨店といった方がぴったりする。テーブルセットや食器類、傘、アルバムなどありとあらゆるものが溢れていて、足の踏み場もない。名刺も作っていて、生前のサンローランは、招待状などはこの店に頼んでいたという。パリのモード系の雑誌の編集者なら「タルマリス」を知らないひとはいないだろう。

　有名店だけど、サントノレ通りの自宅の数軒先にあった「アスティエ・ドゥ・ヴィラット」も付け加えておきたい。十九世紀風の手造りの陶磁器が素晴らしい。

Astier de Villatte
地図 B 5-d
173 rue Saint-Honoré 75001
Tel: 01 42 60 74 13
月〜土 11h-19h30
www.astierdevillatte.com

TALMARIS
地図 F 6-c
71 avenue Mozart 75016
Tel: 01 42 88 20 20
開店時間Telで要確認
www.talmaris.com/

オーブンや食器類

Ustensiles de Cuisine

ぐつぐつ煮込むラタトゥイユなら、一九二五年からココットやケトルを生産している「ル・クルーゼ」の鍋がいいだろう。最近サンジェルマン・デ・プレの真っ直中にその直営店もできている。レ・アールのコキリエール通りには「イー・ドゥイルラン」という一八二〇年創業の台所用品専門店があり、プロの料理人も買いにくる品揃えだ。

オーブンのロールスロイルスといわれる「ラ・コルニュ」は、趣味のいい邸宅には欠かせないアイテムで、ジェーン・バーキンのブルターニュのヴィラでみたことがある。なにしろ、〝シャトー〟というモデルは五〇〇万円はするそうだが、一徹な職人が丁寧に造っているという。

フランスの陶器を買いたいひとには「ラ・チュイル・ア・ルー」を勧めたい。地方の窯で焼いた食器類を中心に、工芸品を色々集めた店。

E. DEHILLERIN

地図 A 2-a
18 et 20 rue Coquillière 75001
Tel: 01 42 36 53 13
月 9h-12h30,14h-18h、
火～土 9h-18h
eshop.e-dehillerin.fr/

LE CREUSET SAINT GERMAIN

地図 C 1-a
51 rue de Rennes 75006
Tel: 09 64 11 55 56
月～土 10h-19h
www.lecreuset.fr/

高い天井からぶら下がった真鍮のケーキ造りの型やフライパンなど、十九世紀の雰囲気の「イー・ドゥイルラン」の店内。

La Tuile à Loup

地図 C 3-b
35 rue Daubenton 75005
Tel: 01 47 07 28 90
月 13h-18h、火〜土 11h-18h
www.latuilealoup.com

La Cornue

今はパリに直営店がなくなり、
ネットで。
www.lacornue.com/

キュートなパリの小物たち

Papeterie

ノートルダム寺院前の、モンテベロ河岸のところに住んでいた頃は、よく橋の上で足を止め、エッフェル塔の裏側が黄金色や蜜色、そして火炎のような赤錆色に変わっていく黄昏時の光景に、みとれていた。サン・ルイ島のトゥルネル橋の近くにある「マリ・トゥルネル」は、文房具店というより、雑多なものが溢れ、他では売っていないような小物や手帖、セロテープ、トートの袋物などが置かれている。右岸のマレ地区の紙や画材の専門店「カリグラン」ではクラフト教室を開いていて、一週間の宿泊代と食費を入れて七〇〇ユーロでクラフト紙造りの体験ができる。

一七二〇年から続くパステル工房「ラ・メゾン・デュ・パステル」には、一〇二一種類もの色調が揃っていて見事だ。パリにしかないような微妙な色合いのクレヨンを、持ち帰ったらどうだろう。

Calligrane

地図 G 3-a
6 rue du Pont Louis Philippe 75004
Tel: 01 48 04 09 00
月〜土 12h-19h
www.calligrane.fr/

Papeterie Marie-Tournelle

地図 G 3-a
5 rue des Deux Ponts 75004
Tel: 01 56 24 07 70
月 11h-19h30、火〜土 10h-19h30、日 12h-19h30

夥しい数の文房具や小物が溢れている「マリ・トゥルネル」の陽気な女主人。小さな手帖やメッセージカードなど。

La Maison du Pastel

地図 A 2-b
20 rue Rambuteau 75003
Tel: 01 40 29 00 67
木 14h-18h、その他の日時は予約制
www.lamaisondupastel.com/home.php

ヴィスコンティの万年筆？

Stylos

コレットは『クローディーヌ』シリーズの原稿を、パーカーのデュオフォールドで書いたそうだが、万年筆で書くのも素敵だな、と最近思う。世界の万年筆コレクターの聖域といってもいいのが、左岸トゥルノン通りにある「モラ・スティロ」だ。デュポンやモンブランのアンティックなら一〇〇〇万円を越えるというから、コレクターも垂涎の的、といったものがあるのだろう。店主のアンドレ・モラは万年筆の鑑定家として知られているが「素晴らしいのは、日本のナミキ・ファルコンやパイロットですよ」といわれて、日本のものを見直す。フィレンツェで生まれた〝ヴィスコンティ〟という高級万年筆も「モラ」で買える。エトナ火山の溶岩が使われていて、〝ホモサピエンス〟と名付けられたモデルには、どこか風格がある。もっと一般的なものを探している人には、「パレ・デュ・スティロ」や「スティロ・シティ」を付け加えておきたい。

Palais du Stylo

地図 B 4-c
9 rue Auber 75009
Tel: 01 47 42 31 42
月〜金 10h-18h50、土 10h-18h30
www.stylosprestige.com/

Mora Stylos

地図 C 1-a
7 rue de Tournon 75006
Tel: 01 43 54 99 19
月〜金 9h-18h、土 13h-18h
www.morastylos.com/

左岸トゥルノン通りにある万年筆の名店「モラ・スティロ」の主人は鑑定家。

Stylo City

地図 C 2-a
56 boulevard Saint-Michel 75006
Tel: 01 43 26 97 35
火～土 10h30-19h
www.stylocity.fr

いい香りの花束を

Fleuriste

二十世紀のフランス文学を象徴するといってもいい『失われた時を求めて』で知られるマルセル・プルーストは、〝女性を抱く〟というのを、ソフィスティケートな表現で〝カトレアをする〟といっていたそうだが、たしかに蘭は官能的な花といえる。

それにしても日本ではどこへいっても、胡蝶蘭しかみかけないのはどうしてだろう。美しい花も、これでは食傷気味ではないだろうか。ノートルダム寺院の近くの「ラ・メゾン・ドゥ・ロルキデ」は蘭の専門店で、パリのカトレア・マニアに好まれ、蘭の種類も揃っている。

親しくしている男優パスカル・グレゴリーの「フェードル」の舞台初日に、楽屋にイヴ・サンローランから三〇〇本の紅い薔薇が届き、パリの薔薇文化の深さに触れた記憶がある。

ボン・マルシェの裏手に「バティスト」という花屋があり、ここは元

胡蝶蘭だけでなく、洋ランには色々な種類がある。蘭専門店「ラ・メゾン・ドゥ・ロルキデ」

BAPTISTE PITOU

地図 D 4-c
4 rue de l'Abbé Grégoire 75006
Tel: 01 42 84 19 08
火～土 9h-20h30
www.baptistefleur.com/

La Maison de l'Orchidée

地図 A 3-b
47/49 place Louis Lépine 75004
Tel: 01 42 66 44 44
月～土 10h-19h、日 11h-19h
www.lamaisondelorchidee.com/

土が必要なく、根っこがむき出しの蘭「レナンセラ」という種類も。壁に吊るしたりする。

エルメス御用達の店だったところで、一般的にはあまり知られていないが、素晴らしい芳香の花が揃っている。

仕事柄撮影に付き合ってくれた女優たちに、撮影後には花を贈っていたが、ブルボン宮広場にある「ムリエ・フルール」の花なら、どんな気難しい女優たちにも喜んでもらえたものだ。

自宅が右岸に移転してからは、近所のコレットの脇にあるスルディエール通りの「ヴェチュヌ」の花々に夢中になり、〝シャルル・ド・ゴール〟という薄紫の薔薇の香りが好きになった。名前は堅苦しいけど、エレガントな香りだ。「ヴェチュヌ」の女主人クラリスは、客の好みを大切にしてくれるので、長く出入りしていると、こちらの好みを察してくれて、電話だけで花束を贈ってくれる。花を贈る時は、いつも相手の好みの色を贈るようにしていた。モニカ・ベルッチにはピンク色の花を、ジャンヌ・モローには、薄紫の蘭を、カトリーヌ・ドヌーヴには色々な色を混ぜて、などと気を配ったものだ。

Vertumne

地図 B 5-d
12 rue de la Sourdière 75001
Tel: 01 42 86 06 76
月～金 9h-19h30、土 11h-19h30
www.atelier-vertumne.fr/

Moulié fleurs

地図 E 3-b
8 pl Palais Bourbon 75007
Tel: 01 45 51 78 43
月～金 8h-20h、土 8h-19h30
www.mouliefleurs.com/

パリのオークション会場

Vente aux Enchères

闇の中で白いハンカチがひらひらと舞っている構図の、「空間」という岡本太郎の初期の代表作を、毎夏サンシュルピス広場で開かれているアンティック市で私がみつけたのは、一九八六年のことだ。当時私の一ヶ月分のサラリー位の値段だったけど、思い切って大枚をはたいて買ってしまう。シュールな構図がすっかり気に入ったし、幻想的な雰囲気に強く惹かれたからだ。

ある時、パリにきた日比野克彦さんにその話をしたが、なかなか信じてくれないので、自宅まで連れていって本物をみてもらった。帰国した日比野さんがラジオ番組で、その話をしていたと人づてにきいたことがある。

もう一枚分不相応のアート作品を買ったが、それはパリでも高く評価されているハンス・ベルメールのデッサン画だった。その時は澁澤龍彦

Artcurial

地図 E 2-b
7 rond-point des Champs-Élysées
75008
Tel: 01 42 99 20 20
www.artcurial.com/en/

Drouot

地図 A 1-a
9 rue Drouot 75009
Tel: 01 48 00 20 20
月～水・金・土 10h-18h、
木 10h-21h
www.drouot.com/

の愛するベルメールを、無視することができなかったからだ。

パリではオークション会場で買われたものが、そのまま市内の骨董店やギャラリーで売られているので、直接競売で買った方が絶対安いに決まっている。パリのメインのオークション会場といえば、「ドゥルーオ」だが、競売の前日には館内二一の展示室で下見ができるようになっていて、だれでも入場できる。

シャンゼリゼに近い「アールキュリアル」の会場では、エルメス、ルイ・ヴィトン、シャネルなどのレアもののヴィンテージバッグや、ジュエリーや彫刻、クラシック・カーに至るまで、あらゆるものを扱っている。アート作品は、コンテンポラリーのものが主流。そうしたオークションのスケジュールに関しては、「アールキュリアル」のホームページであらかじめ知ることができる。

競売のせりは、まるでフランス映画の一シーンのようだし、アートコレクターになった気分で見学するのも一興かもしれない。

究極のダンディズム、オーダーメイド

Sur Mesure

オルセー美術館には、ジョヴァンニ・ボルディーニが描いた十九世紀を象徴するダンディ、ロベール・ドゥ・モンテスキュー伯爵の耽美的な肖像画が展示されている。ポーズは気障だけど、体に見事にフィットしたシュール・ムジュールのグレイのスーツに、リラの花の色をした長いカーフの手袋をして、文句のつけようのないダンディズムだ。彼はパリの社交界を描いたプルーストの『失われた時を求めて』に登場する、スノビッシュなシャルリュス男爵のモデルといわれていて、プルースト自身も彼に憧れていたという。

パリで知り合った男優のメルヴィル・プポーは、大抵いつもカジュアルな恰好をしていたが、来日したので、久し振りに会ってみるとどこか以前とは異なる感じがする。それはどうやら彼が着ているワイシャツのせいらしかった。一見クラシカルな白のワイシャツなのに、オーダーも

ARNYS (for BERLUTI)

地図 D 4-d
14 rue de Sèvres 75007
Tel: 01 40 48 28 60
月〜土 10h-19h
BERLUTI の店舗内で受注

Cifonelli

地図 E 2-b
83 rue du Faubourg
Saint-Honoré 75008
Tel: 09 67 095 034
月〜土 10h-19h
www.cifonelli.com/

のなのが一目瞭然だし、それも厚手の生地は、みるからに上質な素材だと分かる。

「そのワイシャツ、どこの?」

「シフォネリだよ」

メルヴィルは無造作にそういった。

マブーフ通りにある「シフォネリ」と、左岸セーヴル通りに移った「アーニーズ」は、パリでは一流テーラーの双璧といわれていて、「シフォネリ」はミッテラン元大統領に、「アーニーズ」はコルビュジエに愛された店として知られている。このところ政界一の洒落男といわれ、次期大統領選に出馬すると噂されているブリュノ・ル・メールは、「シフォネリ」の誂《あつら》えスーツを着て、靴は「ベルルッティ」だというから、メンズ・ファッションの王道をいっている。若い人なら、もっと手軽にいけるヴァンドーム広場に近い「シャルベ」を勧めたい。「シャルベ」でオーダーしたイニシャル入りのワイシャツも人気だ。

Charvet

地図 B 4-d
28 place Vendôme 75001
Tel: 01 42 60 30 70
月〜土 10h-19h
comite-vendome.fr/boutiques/charvet/

BERLUTI

地図 B 4-c
9 rue du Faubourg Saint-Honoré 75008
Tel: 01 58 18 57 86
月〜土 10h-19h
www.berluti.com/

エレガントな手袋
Gants

中世からの古都、南仏にあるミヨー市は手袋の町として知られユネスコ世界遺産にも入っている。エルメスも、シャネルも、ルイ・ヴィトンも、サンローランも、どの一流メゾンも、手袋は、代々引き継がれてきた世界最高の技術を誇るミヨーの職人たちの手で生産されている。柔らかなカーフの感触だけで、ミヨーのものだと分かる人もいる。

グレース・ケリーを演じたニコール・キッドマンが、映画『グレース・オブ・モナコ 公妃の切り札』の中で使っている手袋は、すべてミヨー市の手袋だそうだし、それも「メゾン・ファーブル」製だという。その「メゾン・ファーブル」が、最近パレ・ロワイヤルのギャラリーの中に直営店を開き、趣味のいいエレガントな手袋が並んでいる。

手袋の名門「メゾン・ファーブル」が初めてパリに出店して、パレ・ロワイヤルにお洒落なショップをオープンした。

Maison Fabre

地図 A 2-a
128-129 Galerie de Valois
Jardins du Palais Royal 75001
Tel: 01 42 60 75 88
月～土 11h-19h
www.maisonfabre.com

ちょっと大人のシャッポーたち

Chapeau

オルリー空港のバーカウンターで、両手で珈琲カップを持ち上げるようにしていたロミー・シュナイダーの、グレイのソフト帽の縁から、時折あの笑っているのか泣いているのか分からない瞳がみえていた。相当前のことで、私もまだパリに住む前なので、なにかの仕事で渡仏していたのだと思う。脇に置かれたエルメスのボルドー色の手帖と、グレイの帽子が、絶妙なハーモニーにみえて、帽子を被るなら紳士ものが素敵だと思うようになった。

マスキュランな帽子なら、「モッチ」だけど、フェミニンな帽子店といったら、カンボン通りの「メゾン・ミシェル・パリ」だと思う。シャネルの帽子を手掛けているミシェルは、モード界ではカリスマ的存在だし、ソフィスティケートな彼のデザインは、お洒落なパリの女性たちを虜にしている。

MAISON MICHEL PARIS

地図 B 4-c
22 rue Cambon 75001
Tel: 01 45 08 94 62
月〜土 11h-19h
www.michel-paris.com/

MOTSCH Hermès

地図 E 2-a
42 avenue George V 75008
Tel: 01 47 20 48 51
月〜土 10h15-18h30
france.hermes.com

左岸の〝帽子の上にさくらんぼう〟という意味の「スリジエ・シュール・シャポー」では、リボンや素材を自分で選んで帽子をオーダーできる。二〇一四年にマルグリット・クルトワがバビロン通りに開いた「クルトワ」には、フランス映画に出てくるような帽子が並んでいる。デザイナーのフレデリックは、「メゾン・ミシェル・パリ」で三十年働いていたベテランだという。この店のカチューシャ型の髪飾りは、持ち運びに便利だし、友人の結婚式に出席する時、華やかな帽子に早変わりする。ヴェールをおろしたら、ミステリアスな貴婦人にだってなれるかもしれない。

この帽子は華やかだけど、さり気ないデザインのものも多い「クルトワ」

La cerise sur le chapeau

地図 D 4-d
11 rue Cassette 75006
Tel: 01 45 49 90 53
火〜土 11h-19h
www.lacerisesurlechapeau.com/

COURTOIS

地図 D 4-d
8 rue de Babylone 75007
Tel: 09 83 51 92 72
月 14h-19h、火〜土 10h-19h
www.courtoisparis.fr/

ハイプなセレクトショップを知る

Select shop

自宅の数軒先にガラス張りのお洒落なセレクト・ショップ「コレット」がオープンすると、町内は一変してしまった。たちまちファッション・ピープルが押し寄せ、近所のカフェでも、ウッディ・アレンとカレンのカップルをみかけたし、ジョニー・デップとヴァネッサ・パラディに自宅前ですれ違うようになる。一軒また一軒といきつけの八百屋や魚屋が消えていき、それと同時に周辺の地価も高騰していった。

その後マレ地区に「エクレルール」ができ、それからしばらくして、子供服メーカー、ボンポアンのオーナーのコーエン夫妻が、北マレ地区に「メルシー」をオープンさせて、手造りのものを中心にしたエコ・スタイルを展開するようになった。そして今は北マレ地区に、「ザ・ブロークン・アーム」という新しいセレクト・ショップができていて、この店はパリの旬を知りたい人に勧めたい。

LECLAIREUR

地図 G 2-a
40 rue de Sévigné 75003
Tel: 01 48 87 10 22
月〜土 11h-19h、日 14h-19h
www.leclaireur.com/

Colette

地図 B 5-d
213 rue Saint-Honoré 75001
Tel: 01 55 35 33 90
月〜土 11h-19h
www.colette.fr/

「メルシー」の中にあるサロン・ド・テ「ユーズド・ブック・カフェ」は、名前の通り古本屋の中の雰囲気。

THE BROKEN ARM

地図 G 2-a
12 rue Perrée 75003
Tel: 01 44 61 53 60
火〜土 11h-19h
www.the-broken-arm.com/fr/

merci

地図 G 2-a
111 boulevard Beaumarchais 75003
Tel: 01 42 77 00 33
月〜土 10h-19h
www.merci-merci.com/fr

フレンチタッチのイッツ・ブランド

Braches

オランピア・ル・タンは、シャネルやバルマンで仕事をした後、独自のガーリーなスタイルを生かして自分のブランド「オランピア・ル・タン」を立ち上げ、多くの高級ファッション誌で取り上げられている。今ではコレットやジャン・コクトーが住んだパレ・ロワイヤルの近くに、ディズニー・キャラを使ったものや、コケティッシュなドレスを飾った素敵なショップを開いている。

もう一軒、フレンチ・タッチ・ブームを生み出したKITSUNÉもスタイリッシュなブランド。彼らがパレ・ロワイヤルに出したカフェの、〝カフェ・マキャト〟は、スノッブな味がする。その他、トレンドの風格といえるのが「アライア」や「マルタン マルジェラ」、そして「エルメス」も「ルイ・ヴィトン」も相変わらず人気だ。

Azzedine Alaïa

地図 A 3-b
7 rue de Moussy 75004
Tel: 01 42 72 30 69
月〜土 10h-19h
www.alaia.fr/

Café Kitsuné Paris at Palais Royal

地図 B 5-d
51 Galerie Montpensier 75001
Tel: 01 40 15 62 31
月〜金 10h-18h、
土・日 10h30-18h30
https://shop.kitsune.fr/

OLYMPIA LE-TAN

地図 A 2-a
Passege des deux Pavillons
75001
Tel: 01 42 36 42 92
月〜土 11h-19h
www.olympialetan.com/

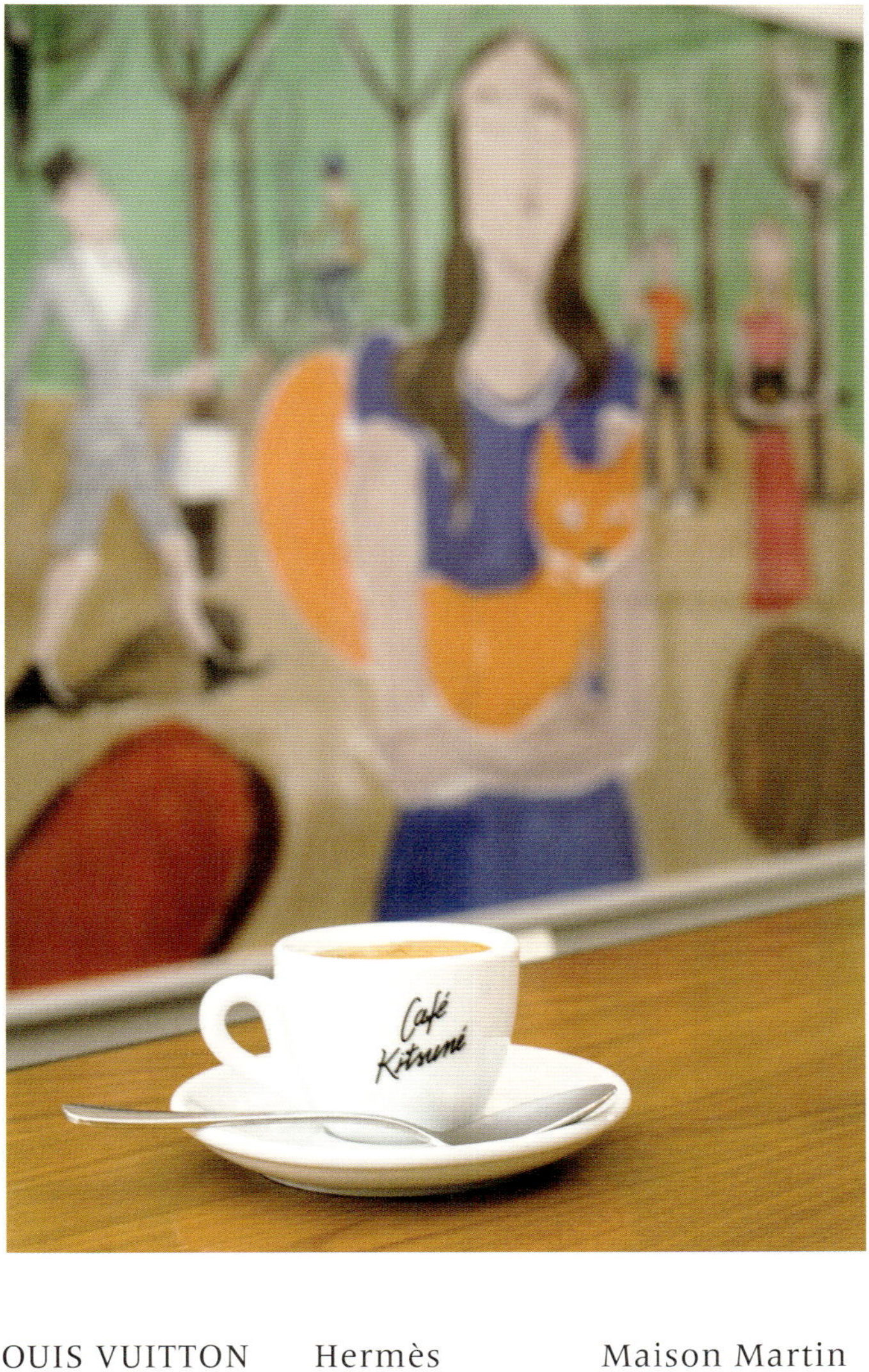

トレンド発信ブランドとして知られる「KITSUNÉ」のカフェが、パレ・ロワイヤルに。カウンターだけの立ち飲み。

LOUIS VUITTON

地図 E 2-a
101 avenue des Champs-Élysées 75008
Tel: 01 53 57 52 00
月〜土 10h-20h、
日 11h-19h
fr.louisvuitton.com/

Hermès

地図 B 4-c
24 rue du Faubourg Saint-Honoré 75008
Tel: 01 40 17 46 00
月〜土 10h30-18h30
france.hermes.com

Maison Martin Margiela

地図 B 6-c
13 rue de Grenelle 75007
Tel: 01 45 49 06 68
月〜土 11h-19h
www.maisonmargiela.com/

旅の疲れは宮殿スパで

Spa

〝レ・パラス〟といわれる宮殿ホテルなら、「ブリストル」にも「ムーリス」にも「シャングリ・ラ」にも、または「プラザ・アテネ」にも、どこも大抵スパが併設されている。

「ブリストル」には、ヨーロッパでは最高級ブランドとして知られるラ・プレリーとのコラボのスパがあり、マッサージだけでなく、トリートメントにも力を入れていて、一時間のソワンで、肌の再生の能力を高めるという。「ムーリス」のスパも、スイスのモントルーにある有名な美容クリニック、ヴァルモン・クリニックの直営店で、カンヌ映画祭の時には、フェイ・ダナウェイやジョニー・デップ、ブラッド・ピットといったハリウッドのセレブがスイスで受けているソワンを、パリで体験できる。「プラザ・アテネ」のスパはディオール・コスメを使っている。

その他にも一九二〇年のアール・ヌーヴォー様式で、パリ市民のプールとして知られた「モリトール」が生まれ変わり、クラランスのスパになっていて、宿泊施設も整っているので、ホテルとしても利用できる。

ヴェルサイユまで足を伸ばせば、「トリアノン・パレス」にはゲランのスパがあり、ここは二〇一六年度優秀高級スパに選ばれた。

Le Bristol Paris
地図 E 2-b
112 rue du Faubourg Saint-Honoré 75008
Tel: 01 53 43 43 00
www.lebristolparis.com/fr/

Le Meurice Paris
地図 B 5-c
228 rue de Rivoli 75001
Tel: 01 44 58 10 10
www.lemeurice.com/

Shangri-La
地図 F 5-d
10 avenue d'Iéna 75116
Tel: 01 53 67 19 98
www.shangri-la.com/jp/paris/shangrila/

Hôtel Plaza Athénée
地図 E 2-a
25 avenue Montaigne 75008
Tel: 01 53 67 66 65
www.dorchestercollection.com/fr/paris/hotel-plaza-athenee/

Molitor Spa by Clarins
地図 J
13 rue Nungesser et Coli 75016
Tel: 01 56 07 08 80
www.mltr.fr/

Trianon Palace Versailles, A Waldorf Astoria Hotel
地図 O
1 boulevard de la Reine 78000 Versailles
Tel: 01 30 84 50 00
www.trianonpalace.fr/en/indulge/guerlain-spa/

満月の夜はコワフールへ

coiffeur

〝髪をカットするなら、満月の夜に〟という諺がフランスにはあるけど、そうすればまた伸びるのも速い、ということらしい。

パリにもカリスマ美容師がいるけど、「クリストフ・ロバン」の高級感あふれるサロンには、ケイト・ブランシェットやティルダ・スウィントン、カトリーヌ・ドヌーヴといった女優が出入りしている。

「ダヴィッド・マレ」の美容院は、モノクロームな空間のサロンで、レディースだけでなく、男性客もいるし、仏版「ヴォーグ」の編集長や、シャルロット・ゲンズブール、ジュリアン・ムーアといった客もくるそうだ。このコワフールでは無花果《いちじく》のシャンプーとか、ナチュラル系の優しい製品が使用されている。

パリの満月の夜に、髪をカットしてみてはどうだろう。なにか素敵なことが起きるかもしれない。

DAVID MALLETT

地図 A 2-a
14 rue Notre Dame des Victoires 75002
Tel: 01 40 20 00 23
火〜土 10h-19h
www.david-mallett.com/fr/

Christophe Robin

地図 A 2-a
16 rue Bacheaumont 75002
Tel: 01 40 20 02 83
月〜土 10h-19h
www.christophe-robin.com/fr/

メイクのカラーサンプルは庭先の花

Beauté

薔薇、アイリス、クレマチス、アネモネ、リラ。鮮やかな色調の花が咲き乱れている庭先に、しばらくみとれていた。その朝私はカメラマンを連れて、サンローランのメーキャップ・ディレクターだったテリー・デュ・ギュンズベールの自宅の撮影にきていた。

「来シーズンは、あのブルー系の花の色を使ってみようかな」

サンローランのメーキャップ・アーティスト、テリーが毎シーズンメディアに発表している化粧品のカラー見本は、実はこの自宅の花の色からきていたのだ。その事実に感心しながら、藤棚を見上げる。「バイ・テリー」という彼女自身のブランドは、パッサージュ・ヴェロ・ドダの角にある。

左岸のボナパルト通りにできた「ビュリー」は、十九世紀初めの老舗

BULY

地図 B 6-d
6 rue Bonaparte 75006
Tel: 01 43 29 02 50
月 11h-19h、火～土 10h-19h
www.buly1803.com/en/

By Terry

地図 A 2-a
36 Galerie Véro-Dodat 75001
Tel: 01 44 76 00 76
www.byterry.com/

十九世紀の香りを再現して、美意識に貫かれた高級化粧品を再現したヴィクトワール・ドゥ・タイヤック。最強のパリ土産。

PARASHOP

地図 B 5-d
20 avenue de l'Opéra 75001
Tel: 01 42 96 21 23
月〜土 9h30-19h30
www.parashop.com/

Citypharma

地図 C 1-a
26 rue du Four 75006
Tel: 01 46 33 20 81
月〜金 8h30-20h、土 9h-20h
www.pharmacie-paris-citypharma.fr/

の香水メーカーを現代に再現したところで、お洒落なパリ土産を探しているひとにはぴったりの店といえる。ハンドクリームの容器はとてもスタイリッシュで人気商品のようだ。

　パリも大型ドラッグストアが普及していて、左岸のフール通りとボナパルト通りの角にある「シティファルマ」やオペラ街にある「パラショップ」などにいけば大抵のものはみつかる。とりわけ「シティファルマ」は、ヨーロッパ一安い薬局といわれていて、二階ではホメオパシーやサプリを扱っている。

　リュクサンブール公園の近くには、自然化粧品店「レルブ・ア・サヴォン」という店があり、フランスの小さなメーカーのものばかりを扱っている。個人的には、「パラショップ」で買える、皮膚の新陳代謝を促すという自然化粧品ガレニックを愛用している。ヘアに関しては、パリの女友達に勧められて、アメリカ製のバンブル・アンド・バンブルのオイリーなヘアクリーム製品が気に入っていて、「セフォラ」で買ってくる。

SEPHORA
地図 E 2-a
70-72 avenue des Champs-Élysées
75008
Tel: 01 53 93 22 50
月〜日 10h-23h30
www.sephora.fr

L'Herbe A Savon
地図 D 5-d
27 rue d'Assas 75006
Tel: 01 42 22 26 02
月 14h-19h、
火〜土 10h30-19h

パリのヴィンテージは奥が深い

Vintage

灰色の昼下がりだった。その日は撮影スタッフを連れて、パリの高級住宅街にあったジェーン・バーキンの自宅前で、彼女の帰りを待っていた。カメラマンは、今は米版「ヴォーグ」の表紙の写真などでお馴染みの、マリオ・テスティーノだ。

「もう少し待ってみようよ」

マリオの腕のよさは当時からずば抜けていたが、「ブルータス」の撮影で一緒に海外ロケに出かけて以来、すっかり親しい友人になっていた。どんな時も平常心で対処してくれる彼のあたたかい人柄に惹かれていた。あの憂えた表情をしたジェーンの素晴らしい写真はマリオでなかったら撮れなかったと思う。

「そんな約束、私きいてません」

リセに末娘のルーを迎えにいって帰ってきたジェーンは、私たちが待っているのをみて、けんもほろろにそういった。

「今朝も確認しました。マネージャーの方に」私はあくまでも食い下がる。小一時間も待っていたので、スタッフがいる手前、私も引けなかったのだ。そうして押し問答をしている間、それまで所在なく、庭先のブランコを眺めていたマリオが、ふいにこちらにくると、

「今のあなたは最高に美しい。タンクトップを着たその姿は、なんて美しいのだろう。そのまま、そのままでいい。あの壁の前に立ってくれますか」と唐突にいい出した。

「なにをいっているの。駄目なものは駄目です」

「素敵です、そのＴシャツ。その表情も」マリオはもう止まらなくなっていた。

「これは、父の遺品なのよ。先月セルジュが他界して、五日後に父までも……」

　そういいながらもジェーンは、上に羽織ったニットをゆるゆると脱

ぎ出し、着古して伸び切り、灰色に褪せたＴシャツ一枚になっていた。その瞬間から、マリオのシャッター音が止まらなくなる。

買ったばかりの服や、美容院から出たばかりの髪型をジェーンは極端に嫌悪しているが、それは新品よりも、想い出の品や古いものを大切にするパリの傾向ともいえる。

ビジューにしても、日本では古いものは安物のイメージがあるが、パリではきらきら光る新品の指輪より、レトロなアンティック・ビジューを好む人が結構いて、値段もそちらの方が高かったりする。

デザイン性が高く、エレガントでアート作品みたいなリーン・ヴォートランのビジューは、パリではなかなか目にすることはないが、セーヌ通り五一にある「イザベル・シュブラ」の店頭ではよくみかける。売り切れていても、イザベルならみつけてくれるだろう。新品のビジューよりずっと贅沢な存在感がある。

それ程マニアックなものでなくてもよければ、友人たちの誕生パー

Dary's

地図 B 4-c
362 rue Saint-Honoré 75001
Tel: 01 42 60 95 23
月〜金 10h-18h30、
土 11h30-18h30
www.darys-bijouterie-paris.fr/fr/

Isabelle Subra

地図 B 6-d
51 rue de Seine 75006
Tel: 01 43 54 57 65
火〜土 11h-13h,14h15-18h45

「ラ・ギャラリー」を経営するタニアと夫は、心底アンティックが好き。ブランドものを持ち込むのはモード編集者が多い。

RAGTIME

地図 B 6-d
23 rue de l'Échaudé 75006
Tel: 01 56 24 00 36
月〜土 14h30-19h

La GAllery.fr

地図 B 5-c
50 rue de Lille 75007
Tel: 01 72 34 81 50
www.lagallery.fr/fr/

作業着のヴィンテージを扱っているベルギー人ソフィアンの店「アンタイトルド・クローズ」。

ティーの前日に、私がいつもプレゼントを買いに駆け込んでいた店が、サントノレ通りにある「ダリーズ」だ。店内には粒よりのセンスのいいものが揃っているので、外れたことがない。

オルセー美術館の裏手にあるリール通りには、「ラ・ギャラリー」というアンティック・バッグを扱っている店があり、鳥籠の中にエルメスやヴィトンのバッグが飾られている。若い女主人タニアと夫は、アンティックのハンターとして年中動き

WK Accesoires
地図 B 5-d
5 rue du Marché Saint-Honoré 75001
Tel: 01 40 20 99 76
月〜土 11h-19h

KILIWATCH
地図 A 2-a
64 rue Tiquetonne 75002
Tel: 01 42 41 17 37
月 11h-19h、火〜土 10h-19h

回っていて、自分たちの店に情熱を傾けている素敵なカップルだった。

ヴィンテージの古着屋では、左岸の細い路地裏にある「ラグタイム」の女主人は、オートクチュールの古着鑑定家として知られていて、服飾史に出てきそうな、ディオールのドレスなどがみつかる。

右岸の「キリウォッチ」は、カジュアル系なものなら結構揃っている。セレクトショップ、コレットの近くにある「W・K・アクセソワール」は、ブランドのメッカといわれるエリアにあるせいか、旬なものがみつかる。「ジ・トロック」もスタイリストたちが出入りしているので、流行りのブランドが集っている。

クリニャンクールのマルシェ、ポール・ベールにある「アンタイトルド・クローズ」は、今もっとも旬な古着屋で、絵描きの作業着やペンキ屋の上っ張り、または革のジャンパーなどを集めていて、有名デザイナーも足繁く通っているという。若いベルギー人のソフィアンが、「ブラピーもうちの革ジャンを買ったよ」と自慢していた。

untitled clothes

地図 N
Stand 122 Allée 1
Marché Paul Bert
96 rue des Rosiers
Saint-Ouen 93400
Tel: 06 47 11 25 37
土 9h-18h、日 10h-18h、
月 11h-17h

j'y troque

地図 B 5-d
7 rue Villedo 75001
Tel: 01 42 86 00 26
月～金 11h-19h、
土 15h-19h

ヴァカンスにはお洒落な布をまとって

Textile

「そのパレ・オー、インドの？」

北シシリアで借りた別荘で、私は男性用のサリーの生地を体に巻き付けて暮らしていた。

「そう。ラジャスターンで買ったものよ」

足許には、マラケッシュのスークで買った黄金色のサンダルを履いていた。ヴァカンスの時期は、旅先で買った土産ものが役に立つ。

モンマルトルのサクレクール寺院から降りてきた地区にある「マルシェ・サン・ピエール」は生地の卸問屋で、六階建てのビルの中には、ぎっしりとありとあらゆる種類の布が並んでいる。一階は驚く程安価の布で、最上階には夥《おびただ》しい数のリネンがあり、パリのクリエーターたちもここで買っているという。その種類の豊富さには驚かされる。その周り一帯には、生地屋や手芸の店が点在している。

一九二〇年から始まったマルシェ。庶民的なエリアにあるけど、安価な布だけでなく、高級輸入ものもある。

Marché Saint-Pierre

地図 H
2 rue Charles Nodier 75018
Tel: 01 46 06 92 25
月～金 10h-18h30、土 10h-19h
www.marchesaintpierre.com/

シックな色づかいの子供服「ボントン」

Pour les Enfants

「シャトレーヌ」は、高級住宅街十六区にある子供服の一流ブランドで、パリのお洒落なひとなら大抵知っていて、とりわけブルジョア階級に浸透している。カトリック教会での洗礼式の時、三ヶ月の赤ちゃんがドレープのついた可愛いケープを着ることになっているが、それが「シャトレーヌ」のものだと一目置かれる。数年前にブラッド・ピットとアンジェリーナ・ジョリーが来店したので、一時的に脚光を浴びたことがあった。

サンシュルピス通りの女友達のところに逗留《とうりゅう》している今はすっかり左岸派になってしまい、子供服を買う時も近くの「ボントン」にいく。いとこがまだ幼かった頃は、パリ土産に、「ボントン」のローブをよく買っていて、シックな色を使った子供服が素敵だった。本書のために日本から来仏した女性編集者とカメラマンが、店内でソフィア・コッポラとすれ違ったそうだが、彼女の子供たちも、「ボントン」を着ているのだろうか。

パリ植物園で遊ぶ子供。パリの子供服はシックな色づかいが多い。

BONTON

地図 B 6-c
82 rue de Grenelle 75007
Tel: 01 44 39 09 20
月～金 10h-19h
www.bonton.fr/fr/

LA CHÂTELAINE

地図 F 5-c
170 avenue Victor Hugo 75116
Tel: 01 47 27 44 07

靴マニアの見果てぬ夢

Chaussure

高級紳士靴として知られるベルルッティのデザイナーだった、オルガ・ベルルッティは、毎年ホテル・リッツで熱狂的なベルルッティ・ファンが正装して集まり、ドン・ペリで靴を磨くというエキセントリックなパーティーを開いていたという。

靴マニアだったことが嘘のように思える今の私はほとんどフラット・シューズだが、ウォーキングのためなら、アブキール通りの〝さらばパリよ〟という意味の「アデュー・パリ」の、靴底の厚いものを買う。とはいえパーティー・ドレスを着る時は、「ピエール・アルディ」や「クリスチャン・ルブタン」「ロジェ・ヴィヴィエ」のものが欲しくなる。フィガロ社から近いので、よくルブタンの店にいったし、クリスチャンとランチを食べることもあった。「ねえ、私でも難なく履けるローヒールで、途方もなくお洒落なのものって、あり得ない？」というと彼は笑っていた。

Pierre Hardy

地図 A 2-a
156 Galerie de Valois
Jardin du Palais Royal 75001
Tel: 01 42 60 59 75
月～土 11h-19h
www.pierrehardy.com/

Adieu Paris

地図 A 2-a
7 rue d'Aboukir 75002
Tel: 01 42 21 12 95
月～金 11h-19h
www.adieu-paris.com/

「パリよ、さらば」という名の靴のブランド「アデュー・パリ」の店内。

Roger Vivier

地図 B 4-c
29 rue du Faubourg Saint-Honoré 75008
Tel: 01 53 43 00 85
月～土 11h-19h
www.rogervivier.com/

CHRISTIAN LOUBOUTIN

地図 A 2-a
8 Galerie Véro-Dodat 75001
Tel: 01 53 00 20 59
月～土 10h30-19h
www.christianlouboutin.com

誇り高く生きるパリジェンヌの高級ランジェリー

Lingerie

未知の自由の香りに憧れるセヴリーヌを演じるカトリーヌ・ドヌーヴが、白いランジェリー姿でベッドに横たわっていた。ジョゼフ・ケッセル原作をルイス・ブニュエルが映画化した『昼顔』は、深部に激しいものが秘められていて、印象深い作品だった。映画の衣装は、イヴ・サンローランが手掛けていたから、ランジェリーもサンローランだろうか。ジーンズにスニーカーといったスタイルの時も、年がら年中プリンセス・タム・タムではなく、時にはシルクの肌着にしてみたら、自分だけが知る秘密として自信につながるかもしれない。リラの花色やパールがかったグレイの「サビア・ローザ」それに「ラ・ペルラ」といった高級ランジェリーをみる度に、パリジェンヌたちがあれ程誇り高く、自信に満ちているのも、実はそうした取っておきのものを、隠し持っているからではないかと思ってしまう。

LA PERLA

地図 B 4-c
20 rue du Faubourg
Saint-Honoré
Tel: 01 43 12 33 60
www.laperla.com/fr/

Sabbia Rosa

地図 D 4-d
73 rue des Saints-
Pères 75006
Tel: 01 45 48 88 37

繊細なビジューとグリグリと

Bijou et gri-gri

「今夜はしっかり鍵をかけて寝てね。だれかが、あなたのコリエ（首飾り）を盗みにいくかもしれないから」

メーキャップ・アーティストの女友達が、笑いながら、別れ際にいった。

「え、これを？」

「そう、そのポワレを」

ローマでイベントがあり、夜は盛大なパーティーが開かれるというので、取っておきの、シャネルと同じ位有名だったポール・ポワレのビジューをつけていた。結婚していた時に買ってもらったもので、若い頃は使う機会がなかったけど、雑誌の仕事をするようになると、機会も多くなる。そのビジューをつけていると、それはどこの？ とよくきかれるし、いつかイタリア版「ヴォーグ」の編集長に綺麗だと褒められた。ポー

Hod

地図 G 2-a
104 rue Vieille du Temple
75003
Tel: 09 53 15 83 34
火〜土 11h-19h、日 14h-19h
www.hod-boutique.com

ル・ベールの蚤の市で買った、アクリル系の丸い大きな玉のビジューを、イヴ・サンローランに褒められたこともあった。危なっかしい足取りで近づいてきて、私のビジューをぎゅっと掴み、

「見事なコリエだね。実に美しい」

そういって、いつまでも放さなかったことがあった。

その日はサンローランのミューズといわれていたルルー・ドゥ・ラ・ファレーズのショップのオープニング・パーティーで、そんな時にサンローランに褒められて、結構嬉しかった。サンローランの遺した耽美的なセンスは、今も確実にパリのモード界に根付いているし、ランバンでバロッキャンなビジューをデザインしているエリー・トップにしても、サンローランの最後のアシスタントである。

私のビジューはどれもヴィンテージものだけど、最近の若いジュエリー作家のものを集めた店として、今とても人気があるのは、マレ地区にある「ホッド」だと思う。デザインがとても親しみやすく、それでい

MARIE-HÉLÈNE DE TAILLAC

地図 C 1-a
8 rue de Tournon 75006
Tel: 01 44 27 07 07
月〜土 11h-19h
www.mariehelenedetaillac.com/

WHITE bIRD

地図 B 4-c
38 rue du Mont Thabor 75001
Tel: 01 58 62 25 86
月 12h30-19h30、
火〜土 11h30-19h30
www.whitebirdjewellery.com

て石の色がパステル調でロマンティックなので、つい手に取って、つけてみたくなる。アンクレットにしてもモードなセンスに溢れている。

コンコルド広場の近くの「ホワイトバード」も、今活躍しているデザイナーたちのビジューが揃っているので、みるだけでも最近の傾向が分かるところ。場所もいき易いところにある。日本でもファンの多いマリ＝エレーヌ・ドゥ・タイヤックの繊細なビジューをみたのはコレットだった。今ではトゥルノン通りに彼女の頭文字「M・H・T」を付けたショップを開いていて、本人は一年の大半をインドのラジャスターン地方で暮らし、ミステリアスな光を放つ現地の輝石を使ったビジューをデザインしている。左岸のフール通りにある「アプリアティ」は、ギリシャ生まれのメゾンで、素材のミキシング感覚が新鮮なので、ついウィンドーの前で、足を止めてしまう。どこかに精神性の感じられるデザインのものもあるので、グリグリ、つまりお守りとして買っていく女性がいるというのも、分かるような気がする。

Apriati
地図 D 4-d
54 rue du Four 75006
Tel: 01 42 22 15 42
月 13h-19h、火〜土 10h30-19h
www.apriati.com/

左岸 Rive Gauche

「料理の味は、その食器との調和に左右される」とフィガロ紙の料理評論家フランソワ・シモンがよくいっていたが、それは料理を目で食べる、という日本料理の神髄にも通じる。それなら〝料理〟でなく〝旅〟の場合はどうだろう。旅行中の宿泊施設は、いわば旅のソーサー役？ 受け皿がちぐはぐだと旅全体もぐらついてくるし、台無しになってしまう。フランス語では自分にぴったりのフィット感を、「サイズが合った手袋みたい」と表現するが、そうした手袋は簡単にはみつからないものだ。

　サンジェルマン大通り一五八に、余程気をつけていないとみつからない「ラ・メゾン・サンジェルマン」という宿がある。小さな扉から細い通路を上がっていくと、メゾンという名の通り、下宿の雰囲気のフロントに出る。アパルトマン形式の部屋なので、すっかり自宅気分になれるところだ。左岸を象徴するマルシェ・ビュシィも宿のすぐ脇なので、チー

LA MAISON
SAINT-GERMAIN

地図 B 6-d
158 boulevard Saint-Germain 75006
Tel: 01 55 42 74 00
www.maison-saint-germain.com/

マストロヤンニの定宿だったホテル「ラベイ・サンジェルマン」。カズオ・イシグロも泊まっていた。

Hôtel Particulier Montmartre

地図 H
23 avenue Junot Pavillon D 75018
Tel: 01 53 41 81 40
www.hotel-particulier-montmartre.com/fr/

Hôtel de l'Abbaye Saint-Germain

地図 D 4-d
10 rue Cassette 75006
Tel: 01 45 44 38 11
www.hotelabbayeparis.com/

ミステリアスな館のような「ホテル・パルティキュリエ」

ズやオーヴェルニュ地方のソーシーソンやワインなどを買い、宿で味見をしたくなる。その辺りはサンジェルマン・デ・プレ教会の鐘の音もきこえて、パリの文化人や知識人にもっとも愛されるエリアだ。

　ホテルに泊まる機会はあまりない私も、鍵のトラブルがあった時は、近所の「ラベイ・サンジェルマン」にいく。サンシュルピス教会の宿坊だったそのホテルを、マルチェロ・マストロヤンニは定宿にしていた。私も、カズオ・イシグロや、ピエル・パオロ・パゾリーニの『テオレマ』の女優ラウラ・ベッティを、そのホテルのバーでインタヴューしたことがある。不思議なことに、長年出入りしていても、このホテルの魅力だけは今も失せることはない。

Le Bristol Paris
地図 E 2-b ／前出 P43

Shangri-La
地図 F 5-d ／前出 P43

右岸 Rive Droite

右岸には「ホテル・パルティキュリエ」という宿があって、モンマルトルの丘の上の、蔦の絡まった扉から入っていくと、ミステリアスな邸宅に迎えられる。パリを知り尽くしている人でも、ここならまた新たなパリの素顔を見出すかもしれない。

ラグジャリー・ホテルのジャンルでは、華やかな内装の「シャングリ・ラ」もオープンしたが、やはりサントノレの「ブリストル」は王者の風格だと思う。レトロなホテルだけど、趣味のいいホテルなのが、凱旋門に近い「ホテル・ラファエル」。グレース・ケリーが愛したこのホテルの屋上テラス・レストランからは、パリの夜景が優雅にみえている。

パリのトレンドセッターで、この本の表紙のイラストを描いてくれたグラフィック・アーティストのアンドレ・サライヴァが、最近「グラン・タムール」というホテルをオープンさせていて、一階のブラッスリィが賑わっている。

GRAND AMOUR HÔTEL

地図 G 1-a
18 rue de la Fidélité 75010
Tel: 01 44 16 03 30
www.hotelamourparis.fr/grandamour

Hôtel Raphael

地図 F 4-d
17 avenue Kléber 75116
Tel: 01 53 64 32 10
www.leshotelsbaverez.com/fr/

カフェ・ソサエティーがパリの魅力

Café

「ユヌ・タルティーヌ・サンジェルマン、ＳＶＰ（シル・ヴー・プレ）！」

パリに到着すると、まずグルネル通りの角にある、広場に面したカフェ「クロワ・ルージュ（赤十字の意味）」にいき、「ポワラーヌ」のパンを使ったローストビーフ・サンドイッチを頬張らないと気が済まない。それは私なりの〝ボンジュール、パリ〟のルーティンといえるもの。

普段待ち合わせに使うカフェは、サンシュルピス広場に面した「カフェ・ドゥ・ラ・メリ」にしているけど、そこは広場の噴水のみえるテラス席が気持ちがいいからだ。生前のマストロヤンニが、別れた妻カトリーヌ・ドヌーヴと無言ですれ違うのをみたことがある。

「フロール」にもよくいくが、私も他の常連客同様にカフェの正面から

Poilane
地図 D 4-d
8 rue du Cherche-Midi 75006
Tel: 01 45 48 42 59
月〜土 7h15-20h15
www.poilane.com/

Croix-Rouge
地図 D 4-d
2 place Michel Debré 75006
Tel: 01 45 48 06 45
月〜土 7h-22h、日 8h30-22h

「クロワ・ルージュ」のローストビーフのタルティーヌと「ドゥ・ラ・メリ」の名物新聞売り。

Café de Flore

地図 B 6-d
172 boulevard Saint-Germain 75006
Tel: 01 45 48 55 26
月～日 7h30-25h30

Café de la Mairie

地図 C 1-a
8 place Saint-Sulpice 75006
Tel: 01 43 26 67 82
月～金 7h-26h、
土 8h-26h、日 9h-21h

入らず、サン・ブノワ通りの裏口を使っている。このところ一段と観光客が増えてきて、今では長居はしないが、昔は「フロール」のレターヘッドの便箋をもらって、手紙を書いていたものだ。

右岸のマレ地区なら「カフェ・シャルロ」が居心地いい。ブルターニュ通りにはモード界の人が多く住んでいて、ばったり出会うことが多い。

今パリでもっともハイプなカフェといったら、十六区にできた「カフェ・ホリディ」だろう。ヘミングウェイも寄稿していたアメリカの雑誌で、廃刊になった旅のマガジン「ホリディ」を、パリのアート・ディレクター、フランク・デュランが、世界の雑誌マニアも注目する仏版「ホリディ」を復刊した。店のレシピを作ったのは、料理研究家としてカリスマ的人気のダニエル・ドゥ・ラ・ファレーズだという。ちなみにフランクの妻は、仏版「ヴォーグ」の現編集長エマニュエル・アルト。パリを代表するお洒落なカップルといえる。街の中心から外れているけど、最新スポットを知るのも悪くない。

Café Holiday

地図 J
192 avenue de Versailles 75016
Tel: 01 42 24 90 21
火〜土 8h30-22h、日 9h-15h
www.holiday-magazine.com/cafe.php

Café charlot

地図 G 2-a
38 rue de Bretagne 75003
Tel: 01 44 54 03 30
月〜日 7h-26h
www.cafecharlotparis.com/

サロン・ド・テではゆるやかに時が流れる

Salon de thé

　ボンポアンやメルシーの生みの親として知られるマリ＝フランス・コーエンが手がけたものは、どこも人気のブランドになっていくけど、ボンポアンもメルシーも売却してしまった彼女が最近始めたのが、サロン・ド・テ「ミス・マープル」だ。パンケーキも美味しいが、そのお洒落なウィリアム・モリス風の壁紙の内装をみるだけでもいい気分だ。友人宅の近所に「エルメス」左岸店ができたので、二階にあるサロン・ド・テの奥の席で、出来立ての〝ケーク〟を食べながらよく女友達とたわいのない思い出話をしていることも多いけど。

　ボン・マルシェの裏手には、日本人のケイコさんとフランス人のご主人のカップルが、「マミー・ガトー」という店を開いていて、グロゼイユのジャムをつけたスコーンなど、手造りのおやつが人気でいつも賑

Le Plongeoir chez Hermès

地図 D 4-d
17 rue de Sèvres 75006
Tel: 01 42 22 80 83
月〜土 10h30-19h
france.hermes.com

Miss Marple

地図 E 3-b
16 avenue de la Motte-Picquet
75007
Tel: 01 45 50 14 27
火〜土 9h-19h、日 10h-16h

日本人女性とフランス人のカップルが開いた人気のスウィーツ店「マミー・ガトー」の美味しそうなタルトたち。

La Chambre aux Oiseaux

地図 G 1-a
48 rue Bichât 75010
Tel: 01 40 18 98 49
火〜日 10h-18h30

Mamie Gâteaux

地図 D 5-d
66 rue du Cherche-Midi 75006
Tel: 01 42 22 32 15
火〜土 11h30-18h
www.mamie-gateaux.com

わっている。右岸のサンマルタン運河の近くには「ラ・シャンブル・オー・ゾワゾー」という、サロン・ド・テ兼レストランがあって、ブランチにいって、のんびり時を過ごすのにぴったりの店がある。ケーキも美味しいし、その周辺には、最近新しい店が次々にできているので、店を出たら運河沿いの散歩がお勧め。左岸の人気のパティスリー「和楽」は右岸に移り、「朋」という店名になった。

私のお気に入りは、パスカル・グレゴリーといったリュクサンブール公園近くの「ブレッド&ローズ」だ。ノスタルジックなサロンに座っていると、近くの公園の木立を吹きぬける風の音が、遠い潮騒のようにきこえる。

リュクサンブール公園の木立の中でも、サンシュルピス教会近くの「シベリアの楡《にれ》」と書かれた一本の木になぜか愛着をもっている私は、いつも立ち止まって見上げている。どんなに気が滅入った時も、颯爽と天空に伸びたその姿をみると、なにか不思議な精神的な力を感じるからだ。

bread & roses

地図 C 2-a
62 rue Madame 75006
Tel: 01 42 22 06 06
月～土 8h-19h30
www.breadandrose.fr/

朋 pâtisserie TOMO

（2016 年 10 月より）
地図 B 4-d
11 rue Chabanais 75002
Tel: 06 79 87 41 33
http://patisserietomo.fr/

ファッションピープルのお気に入りエピスリー
Epicerie

仏版「ヴァニティ・フェア」によると、パリでもっとも美味しいブランチは、一階が自然食品を売っているエピスリーになっていて、二階で食事ができる「クラウス」だという。パレ・ロワイヤルの近くにある店だ。ここのエピスリーで売っているものは、ヴィエノワズリーも自然志向のものばかりだし、サンローランのミューズだったルル・ドゥ・ラ・ファレーズの甥で、このところファッション・ピープルに絶大な人気がある料理研究家のダニエル・ドゥ・ラ・ファレーズの、アロマ入りオイルやヴィネガーが、パリで唯一買える店として知られる。

北マレ地区にオープンしたガラス張りのモダンな店舗「メゾン・プリソン」も、スーパー兼エピスリーで片側はパン売場やレストランになっている。

左岸のデパート、ボン・マルシェの別館にできた食品館「ラ・グラン

MAISON PLISSON
地図 G 2-a
93 boulevard Beaumarchais 75003
Tel: 01 71 18 19 09
月 9h30-21h、火〜土 9h30-19h、
日 9h30-19h
www.lamaisonplisson.com/

Claus
地図 A 2-a
14 rue Jean-Jacques
Rousseau 75001
Tel: 01 42 33 55 10
月〜金 7h30-18h、
土・日・祝 9h30-17h
www.clausparis.com/

東京のイタリアン・シェフたちが買いにくるという「トマッズ」のオリーブオイル。

ド・エピスリー」は、ありとあらゆるものを揃えた食材の宝庫といってもいい。トリュフ入りの塩や世界一美味しい蜂蜜といわれるマヌカハニー、トリュフ入りのバローロの酢など、レアな食材もみつかる。

　ジャコブ通りの建物の中庭にある「トマッズ」という小さなエピスリーを知っていたら便利だ。パリ土産がみつからない時は、このエピスリーのバジルやナッツ入りオリーブオイルはどうだろう？

TOMAT'S

地図 B 6-d
12 rue Jacob 75006
火〜土 11h-13h30,14h30-19h
Tel: 01 44 07 36 58
www.tomats.fr/

La Grande Épicerie de Paris

地図 D 4-c
38 rue de Sèvres 75007
Tel: 01 44 39 81 00
月〜土 8h30-21h
www.lagrandeepicerie.com/

大地からのおくりもの、オーガニック・マルシェ

Marché Bio

フランスでは、オーガニック食品の市場の進展はめざましく、年間五〇億ユーロを越えるといわれていて、それも年々拡大しているという。私が住んでいた頃も、そうした兆しが感じられた。

その頃、有機野菜や石鹸、一番搾りのオリーヴオイルや、ハーブティーやパン・デピス（ニッケなどの入った昔ながらのパン）などを買いにいっていたのは、左岸「ラスパイユ大通りのオーガニック・マルシェ」だった。産地直送のものが多いので、生産者とよくおしゃべりをしながら買っていたものだ。雑誌の編集者の友人たちとよくばったり出会ったり、起き抜けの芸能人たちを見かけたりした。十七区の「バティニョルのマルシェ」もオーガニックのものが多く、時々足を伸ばしていた。

お洒落なライフ・スタイルに欠かせない週末のオーガニック・マルシェ。ラスパイユのマルシェには、セレブが多い。

Marché Batignolles

地図 H
96 bis rue Lemercier 75017
Tel: 01 48 85 93 30
火～金 8h30-13h,15h30-20h、
土 8h30-20h、日 8h30-14h

Bio Marché Raspail

地図 D 5-d
Boulevard raspail 75006
Tel: 01 48 85 93 30
火・金 7h-14h30、日 8h30-14h

食材への愛情が溢れるフーディング

Fooding

〝フード〟と〝フィーリング〟を合わせてできた造語〝フーディング〟は、従来の伝統的フランス料理では考えられなかったワールド・ミキシングを生み出し、パリでも若い層に支持されているので、そうした店が次々にオープンしている。とはいえ日本人としては、どうかすると日本の素朴な田舎料理に似たものが、恭しく立派な食器で供されるので、困惑することもある。

　実はこのところ私は料理は嗅覚で味わいたい、という思いが強くなってきて、バスティーユにあるブラッスリー「クラマト」の、材料の香りを大切にしたコンセプトが気に入っている。たとえば帆立貝はあのセドラの香りがするし、鯛の皿にはフランボワーズの森の香りが盛られていて、大地の匂いを味わえるからだ。なによりもミシュラン星が付いて当然のキャリアのシェフ、ベルトラン・グレボー（二〇一六年現在ミシュ

上は世界最高といわれる「ノーマ」のシェフも来店する「クラマト」下は「クローヴェール」

Clover

地図 B 6-c
5 rue Perronet 75007
Tel: 01 75 50 00 05
火～金 12h30-14h,19h-22h
土 12h30-14h30,19h-22h
www.clover-paris.com/

CLAMATO

地図 G 3-b
80 rue de Charonne 75011
Tel: 01 43 72 74 53
水～金 19h-23h、土・日 12h-23h
www.septime-charonne.fr/

ラン三つ星店のアストランスで修行）が、あえて無星に甘んじながら、予約も必要なく、気軽に立ち寄れるブラッスリー・スタイルにしたその心意気に新しい時代の息吹を感じるからだ。「クラマト」特製のハーブ・ティーの生温い液体が、ゆるゆると喉元を通り過ぎると、まるでヴェルレーヌの詩篇のような甘美な気分になる。

　左岸のプレ・オ・クレール通りにショップを持つパリのデザイナー、入江末男さんに連れていってもらった、ジャン＝フランソワ・ピエージュの話題のセカンド・レストラン「クロヴェール」はオープン・キッチンのガラス張りのモダンな内装の店で、予約を取るのは至難の業らしいが、入江さんの顔で入れてもらった。厳選された素材で、美意識に貫かれた盛りつけの創作料理を出している店だった。アラン・デュカスのもとで修行したピエージュは、すでに「トゥーミュー」も三つ星だし、もう一軒「ル・グラン・レストラン」もオープンさせていて、目下最注目のシェフのひとりだ。

Le Grand Restaurant Jean-François Piège

地図 E 2-b
7 rue d'Aguesseau 75008
Tel: 01 53 05 00 00
月～金 12h30-14h,19h30-21h
www.jeanfrancoispiege-legrandrestaurant.com/

Thoumieux

地図 E 3-b
79 rue Saint-Dominique
75007
Tel: 01 47 05 49 75
木～金 12h30-14h30、
火～土 19h30-22h
www.thoumieux.fr/

生牡蠣はぷるぷる震えるのが新鮮

Les Huîtres

パリで最高の品質の牡蠣を食したければ、十七区にある「リュイトリエ」を勧めたい。なにしろ三つ星レストランもここから仕入れるくらい、選び抜かれているし、シーズン中なら珪藻《けいそう》で緑色になり、グルメ・ファンに人気の〝ヴェルト・ドゥ・クレール〟もここなら食べられる。

もう一軒「ユイトルリィ・レジス」は左岸のマルシェ・ビュシィの近くにあり、長年通っているけど、信頼できる店だ。牡蠣は回転が速く繁盛している店がいいし、レモンをかけた時に、牡蠣のぷっくりした中身の縁がぷるぷる震えたら新鮮な証拠だ。ちょっと残酷だけど。

ファッション系のデザイナーや編集者に人気なのは、ジョルジュ・サンク通りに面した老舗の魚貝類のブラッスリー「マリウス・エ・ジャネット」で、これだけ店が繁盛していたら鮮度もいいにちがいない。

Marius et Janette

地図 E 2-a
4 avenue George V 75008
Tel: 01 47 23 41 88
月～日 12h-14h30,
19h-23h
www.mariusetjanette.com/

Huîtrerie Régis

地図 C 1-a
3 rue Montfaucon 75006
Tel: 01 44 41 10 07
月～金 12h-14h30,
18h30-22h30、
土 12h-22h45、日 12h-22h
www.huitrerieregis.com/

L'Huîtrier

地図 E 1-a
16 rue Saussier-Leroy 75017
Tel: 01 40 54 83 44
月～日 12h-14h30,
19h15-22h30
www.huitrier.fr/

地元のひとしか知らない最高のフレンチレストラン

Restaurants de Quartier

「有名店でなくてもいい。地元のひとたちが美味しいといっているような店を教えてほしい」。私がパリに二十年暮らしていたと知ると、よくそんな質問をされる。そんな時に教えているのが、サン・シモン通りの「ラファブル」だ。伝統フランス料理だけど、現代的にアレンジされていて、従業員のサービスも気持ちがいい。常連客の間で人気者のオーナーも、いつもきびきびと動き回っている。

ソース重視の、こってりした味のフランス料理が好きな人には、以前フィガロ社があったマイユ通りの、私たちが社員食堂のように使っていた老舗店「シェ・ジョルジュ」はどうだろう。ピーター・メイルが絶賛していた店で、鰊《にしん》のスモークに馬鈴薯添えのアントレと、リードヴォーのモリーユ茸添えをよく注文していたものだ。レシピも従業員の顔触れもまったく変わらないのをみるだけでも、何だかほっとする。

Chez Georges
地図 A 2-a
1 rue du Mail 75002
Tel: 01 42 60 07 11
12h-14h30,19h-23h

L'Affable
地図 B 6-c
10 rue de Saint-Simon 75007
Tel: 01 42 22 01 60
月～金 12h-14h,19h30-22h30
www.laffable.fr/

昔は煙草を売っていたらしく、今も「煙草屋ル・ヴォルテール」と呼ばれるセーヌ河岸にあるビストロ「ル・ヴォルテール」も、昔ながらのメニューを出していて、この店も常連客が多い。河岸から入って左手は観光客が多く、右手が地元のひとたちの席になっている。ギャルソンたちも同じ顔ぶれのようだ。マーク・ジェイコブスがパリに住んでいた頃、ほぼ毎日通っていたという。

プティ・レストラン「オー・35」の胡瓜のアントレ

最後にもう一軒、左岸の小さなレストランを付け加えておきたい。「オー・35」という店で、ジェーン・バーキンに連れていってもらった。観光客はあまりやってこない、さりげないお洒落な店だった。

Food

AU 35

地図 B 6-d
35 rue Jacob 75006
Tel: 01 42 60 23 24
月～日 12h-14h30, 19h-23h
www.restaurantau35.fr/

Le Voltaire

地図 B 5-c
27 Quai Voltaire 75007
Tel: 01 42 61 17 49
火～土 12h30-14h30,19h30-22h

のんびりまったりイタリアン

Cuisine Italienne

建築家のフィリップ・スタルクを取材した時に、彼は「世界最高の料理は、イタリアンとジャポネだと思うけど、どちらにも共通するのは、皿の上よりその店の雰囲気が大切だということ」といっていた。たしかにそれは一理あるように思う。私がよくいっていたオペラ座近くの「シビウス」も、狭苦しかったけど、いい雰囲気の店だった。

マリア・コダマ・ボルヘスと親しい、『薔薇の名前』の作家のウンベルト・エーコは私たちの隣人だったが、本場の味を知る彼に美味しいイタリアンはどこかときくと、近所の「マルコ・ポーロ」や「ポジターノ」だといっていた。普段マリアと私がいっている

パスタもいいけど「バルトロ」のピザは、フィガロ・スコープによるとザ・ベスト。

のは、サンシュルピス広場に近い「シェ・バルトロ」で、この店の茄子料理には今も目がない。

オープンしたばかりの左岸のサボ通りの「ラ・ボッカ・デラ・ヴェリタ」は、メニューが新鮮で、サービスもよく、今ではすっかりいきつけの店になった。

Cibus

地図 B 5-d　5 rue Molière 75001
Tel: 01 42 61 50 19
月・土 12h-14h、火〜金 12h-14h,19h-22h

Marco Polo

地図 C 1-a　1 rue Saint-Sulpice 75006
Tel: 01 43 26 79 63
日〜金 12h-23h、土 12h-23h30
www.restaurant-marcopolo.com/

ALFREDO POSITANO

地図 C 1-a　9 rue Guisarde 75006
Tel: 01 43 26 90 52
月〜金 12h-14h30,19h-23h45、
土 12h-15h,19h-24h、日 12h-15h30,19h-23h30
www.alfredopositanoparis.fr/

Chez Bartolo

地図 C 1-a　7 rue des Canettes 75006
Tel: 01 43 26 27 08
火〜土 12h-14h30,19h-23h、
土 12h-15h,19h-23h
www.chezbartolo.fr

La Bocca Della Verità

地図 D 4-d　2 rue du Sabot 75006
Tel: 01 45 48 96 65
月〜木 12h-15h,19h30-23h、
金 12h-15h,19h30-23h30、
土 12h30-15h30,19h30-23h30、
日 12h30-15h30,19h30-23h
www.boccadellaverita.fr/

若いパリジェンヌに人気のジャポネ「ツバメ」

Restaurant Japonaise

クレソンで〝おひたし〟を作ったり、マロニエの葉を使って〝柏餅〟を〝マロニエ餅〟にしたりして、パリ時代は苦心惨憺していたが、今では日本料理も世界に認められ、ほとんどのものは手に入る。日本料理が大好きなジェーン・バーキンやシャルロット・ゲンズブール、パリの友人たちに評判がいいのは、サンジェルマンの手打ち蕎麦店「円」。サントノレ界隈では「仁」と、小さな和菓子屋ながらランチに〝ＢＥＮＴＯ〟を出す「和楽」がある（二〇一六年一〇月「朋」として再オープン）。

さくさくと手軽に食事をしたい人には、餃子とワインの店「ギョーザ・バー」の二号店がマレ地区に。小さなジャポネ「ツバメ」も、オーナーの心意気が気持ちよく伝わってくるので、最近応援しているところ。賑やかなクリシー広場の近くなのに、ドアの向こうは田舎の民宿風で、シンプルな内装だけど、ウッディーな香りが漂ってくる。メニューには少しヴェトナムの味が混じっていた。パリの日本人街サンタンヌ通りから一本入ったヴィレド通りにある名物うどんや「国虎屋」が近くに出した二号店は、外観はいかにもパリのビストロ風だが、日仏のミキシング料理で、独創的なメニューが人気の店。蒸し鰻ごはんなど、他ではないものが魅力で、ファッション系のひとたちにもファンが多い。

円 Yen

地図 B 6-d
22 rue Saint-Benoit 75006
Tel: 01 45 44 11 18
月～土 12h-14h,19h30-22h30
www.yen-paris.fr/

仁 JIN

地図 B 5-d
6 rue de la Sourdière 75001
Tel: 01 42 61 60 71
火～土 12h30-13h30,19h-21h

朋 pâtisserie TOMO

地図 B 4-d ／前出 p72

Gyoza bar

地図 A 1-a
56 passage des Panoramas 75002
Tel: 01 44 82 00 62
月～土 12h-14h30,18h30-23h
www.gyozabar.com/

ツバメ Tsubame

地図 H
40 rue de Douai 75009
Tel: 01 48 78 06 84
火～土 12h-14h30,20h-22h15

国虎屋 2号店

地図 B 5-d
5 rue Villedo 75001
Tel: 01 47 03 07 74
火～土 12h15-14h30,19h30-22h30、
日 12h15-14h30
www.kunitoraya.com

サイゴンの記憶と、エスニック料理

Ethnique

過去の記憶につながるというプルーストのマドレーヌは、私の場合はヴェトナム料理のニョクマムだと思う。パクチーに絡まったその香りが、口中に広がってくると、自然に浮かぶ情景がある。結婚していた頃、夫がサイゴン大学で教えていた時の記憶。私はヴェトナムに住んでいた。

「お目覚めですか？」

藺草《いぐさ》で編んだ大きな団扇を、ゆっくりと左右に振っていたナムの妻は、床にしゃがんだまま、私を見上げている。眠っていた間中ずっと扇いでくれていたようだ。サイゴンでの天蓋ベッドでのシエスタの情景は今も忘れられない。

ノートルダム寺院に面したモンテベロ河岸から一本入った路地、ラ・ビュッシュリ通りの十八世紀の建物に住んでいた頃は、近所に三軒のエスニック・レストランがあり、そのトライアングルをよく往来していた。

Kim Lien

地図 C 1-b
33 place Maubert 75005
Tel: 01 43 54 68 13
月～土 12h-15h,19h30-23h

Au Coin des Gourmets

地図 C 1-b
5 rue Dante 75005
Tel: 01 43 26 12 92
月 19h-22h30、火～土 12h-14h30,
19h-22h30、日 12h-14h30,19h-22h

ダンテ通りにある「オー・コアン・デ・グルメ」というヴェトナム料理店と、もう一軒はモベール・ミュチュアリテ広場に面した「キム・リン」、どちらも中々本格的な味なのだ。「キム・リン」は今も入江末男さんとローランと、毎回渡仏の度にいっていて、初夏はテラス席で深夜までおしゃべりをしている。香草の種類も多いし、ニョクマムや、パクチー、タマリンドの香りに包まれて夜が更けていく。

三軒目の「チェンマイ」はタイ料理店で、この店のムール貝のファルシーは香辛料の強い味ながら、そのエキゾティックな料理は病み付きになる。小さな鍋で出てくるパクチー入りの海老と春雨の料理、クン・オプ・ウンセンも外したことがない。デザートはどれも美味しく、タピオカ入りココナッツミルクは、個性的な料理の後にはもってこいの癒しの味だ。最近の店では、サンマルタン運河沿いの「シセン」は、伝統の味というより現代人に合わせたメニューで人気のある店。その辺りは最近トレンド・エリアだし、運河を眺めながら食事をするのも気持ちがいい。

Siseng

地図 G 1-a
82 quai de Jemmapes 75010
火〜日 12h-15h30,19h-23h
www.siseng.fr/

Chieng-mai

地図 C 1-b
12 rue Frédéric Sauton 75005
Tel: 01 43 25 45 45
月・火・木〜日 12h-14h30,19h-23h

パリ一人気のブーランジェ「デュ・パン・エ・デ・ジデ」

Boulangerie

十八世紀までパリのブーランジェには、いわゆる円形のパン・ドゥ・カンパーニュしかなかったが、ナポレオン軍が戦場へ運搬しやすいようにと棒状のバゲットを生み出してからは、今ではそれが主流になっている。ナポレオン軍でなくとも、たしかに腋にはさんで持ち運べるのは便利だし、歩きながら千切って食べるパンの味は格別だ。

パリに住んでいた頃は、焼き過ぎたバゲットはたちまち石のように固くなるし、半焼きだと翌朝にはこしがなくなり、濡れ布巾に包んでおけば多少は長持ちするものの、厄介なものだと思っていた。マン・レイのようなアーティストだったら、固くなったバゲットの表面を鮮やかなブルーの絵の具で塗って、アート作品にできるけど、普通一般家庭ではスープに入れるしかない。だけどこれは〝犬のスープ〟といわれていて、あまり行儀がよくない。

上は人気のパン屋「デュ・パン・エ・デ・ジデ」、下「ポワラーヌ」といったら田舎パンだけど、リンゴ入り菓子パンやクッキーも美味しい。

Du Pain et Des Idées

地図 G 1-a
34 rue Yves Toudic 75010
Tel: 01 42 40 44 52
月～金 6h45-20h
www.dupainetdesidees.com/

Le Grenier à Pain

地図 H
91 rue Faubourg Poissonnière 75009
Tel: 01 48 24 50 58
月・火・木～土 7h30-20h、日 8h-13h30
www.legrenierapain.com/

二〇一五年の最優秀バゲット・パン職人に選ばれたのは、モンマルトルのアベス通りにある「ル・グルニエ・ア・パン」のジブリル・ボディアンだという。「バゲットのグラン・プリ」で二度目の受賞に輝いたのだ。この賞を獲得したブーランジェは、大統領官邸エリゼ宮のご用達になれるし、世界の首脳がやってくる晩餐会の食卓に供されることになる。

だがパリでもっとも人気のブーランジェは、「デュ・パン・エ・デ・ジデ」だろう。クラシックな内装の店だけど、抹茶入りクロワッサンなど、クリエイティブなパンも並んでいて、年中賑わっている。

新しいブーランジェもいいけど、昔ながらの素朴な味を大切にしながら、成功しているのが「ポワラーヌ」だ。田舎パンで絶大な人気の「ポワラーヌ」のパンは、近所のスーパーで売っているので、パリ滞在中はよく食べている。しっとりした食感が、本店以外で買ってもあまり変わらないのに感心する。最近出したクッキーも美味しい。

Poilane

地図 D 4-d ／前出 p68

色々な果実や野菜のジャムたち

Confitures

一つ星の女性シェフ、アンヌ・ソフィー・ピックのレストラン「ラ・ダム・ド・ピック」で売っているミントとラム酒入り苺ジャムや、コーヒー味のフランボワーズ・ジャムも美味しいけど、ボン・マルシェのグランド・エピスリーでは、仏最優秀賞を受けた無農薬の〝レ・コント・ド・プロヴァンス・ビオ〟が売っている。モンマルトルのマルティーユ通りにある「ラ・シャンブル・オ・コンフィチュール」はジャム専門店で、一〇〇種類近くが壁面一杯に飾られていて、バニラやレモン入りのコアンのジャムや、カシス入り無花果ジャムなどがぎっしりと並んでいる。

パリやロンドンのファッション誌が、ケイト・モスの結婚式の料理を作った料理人として注目をするようになったダニエル・ドゥ・ラ・ファレーズのジャムは、パリでは「クラウス」でしか売っていない。

Claus

地図 A 2-a／前出p74

La Chambre aux Confitures

地図 H
9 rue des Martyrs 75009
Tel: 01 71 73 43 77
火〜金 11h-14h30,15h30-19h30、土 10h-19h30、日 10h-14h
www.lachambreauxconfitures.com/

La Dame de Pic

地図 A 2-a
20 rue du Louvre 75001
Tel: 01 42 60 40 40
月〜日 12h-14h,19h-22h
www.anne-sophie-pic.com/content/la-dame-de-pic

料理界のマエストロのショコラ工場

Chocolatiers

パリ土産として人気の「パトリック・ロジェ」のショコラティエが、友人宅の数軒先のサンシュルピス広場にオープンしたので、何の苦労もせずに買える土産物になってしまい、帰国して渡す相手に申し訳ない気もする。色鮮やかなミントグリーンの、華やかな衣を身にまとったショコラは、「パトリック・ロジェ」の一押しの品だ。

一方で、ストイックな職人気質で粉骨砕身している「ジャック・ジュナン」は、客にフレッシュなショコラを食べてもらいたいがために、ほとんど冷蔵庫を使わず、睡眠時間も削って涙ぐましい努力をしている。北マレ店は、サロン・ド・テにもなっていて休憩できるスペースがある。冷蔵庫を使わずに済むので、オーダーは大歓迎だという。

もう一軒、ショコラマニアが、はるばる遠くからやってくるというのが、バスティーユ広場の近くのサン・サバン通りにある小さな店「ア・

À la Petite Fabrique

地図 G 2-b
12 rue Saint-Sabin 75011
Tel: 01 48 05 82 02
火〜土 10h30-19h30

Jacques Genin

地図 G 2-a
133 rue de Turenne 75003
Tel: 01 45 77 29 01
火〜金・日 11h-19h、土 11h-20h
www.jacquesgenin.fr/fr/

Patrick Roger

地図 C 1-b
108 boulevard Saint-Germain 75006
Tel: 01 43 29 38 42
月〜日 10h30-19h30
www.patrickroger.com/

ラ・プティット・ファブリック」だ。通はオレンジ味のブラックが最高だといっている。売っているものの大半は、自家製だけど、その種類は四〇種類もあるというから、ショコラへの情熱がうかがえる。ショコラは、近年一段とブランド化してきて、海外出店をするところが多く、こうした一軒だけの店で、昔ながらのショコラティエを営むところも、少なくなっている。

　とはいえ最近話題になっているのは、料理界のマエストロ、アラン・デュカスが、研究に研究を重ねた結果、カカオ豆から製造過程まで全ての設備を備えた本格的なショコラ工場を、バスティーユに開いたことだ。工場までいかなくても、サンジェルマン・デ・プレのカフェ・フロールの脇にショップができたので、そこで買うこともできる。１００パーセントカカオ豆の大人の味もあるし、今のところまだ日本では発売されていないので、パリ土産に最適。料理界に革新の風を吹かせた巨匠が、ショコラの世界でも、新たな扉を開いた。

Alain Ducasse

地図 B 6-d
26 rue Saint-Benoit
75006
Tel: 01 45 48 87 89
月 13h30-19h30、
火～土 10h30-19h30
www.lechocolat-alainducasse.com/fr/

La Manufacture de Chocolat Alain Ducasse

地図 G 3-b
40 rue de la Roquette 75011
Tel: 01 48 05 82 86
月～土 10h30-19h
www.lechocolat-alainducasse.com/fr/

生粋のフランス生まれのアイスクリーム

Glaces

国際的知名度の「グロム」は、ヘルシーなヨーグルト味アイスクリームなので、パリでもたちまち人気に火がついた。一方では、最近マレ地区にオープンしたばかりの「ユヌ・グラス・ア・パリ」は、生粋のフランス生まれで、最優秀職人賞（パティシエ部門）の称号を持つエマニュエル・リオンが、従来の味を多様に変化させていて、こちらもパリのアイスクリーム・ファンたちの心を掴んでいる。

一九四七年からのパリ最古のグラス店「レモ・グラシエ」も、四七種類の香料を揃え、今も根強い支持を受けている店で、昔ながらの味だけでなく、クリエイティヴなものにも力を注いでいる。

パリで住みたい通りナンバーワンは、バック通りだそうだが、それは老舗の八百屋やチーズ屋が多いからだと思う。バック通りにある「ル・バック・ア・グラス」も、近所の住民にとって、なくてはならない店だ。

une Glace à Paris

地図 G 2-a
15 rue Sainte-Croix de la Bretonnerie 75004
Tel: 01 49 96 98 33
［夏］月～木 13h30-23h30、
金 13h30-24h30、
土 12h-24h30、
日 12h-23h30
冬期の営業時間は要確認
www.une-glace-a-paris.fr

Grom

地図 B 6-d
81 rue de Seine 75006
Tel: 01 40 46 92 60
［4～9月］月・水 12h-23h、木・土 12h-24h、
日 11h-23h
冬期は営業時間が変わるので要確認
www.grom.it/en/index.php

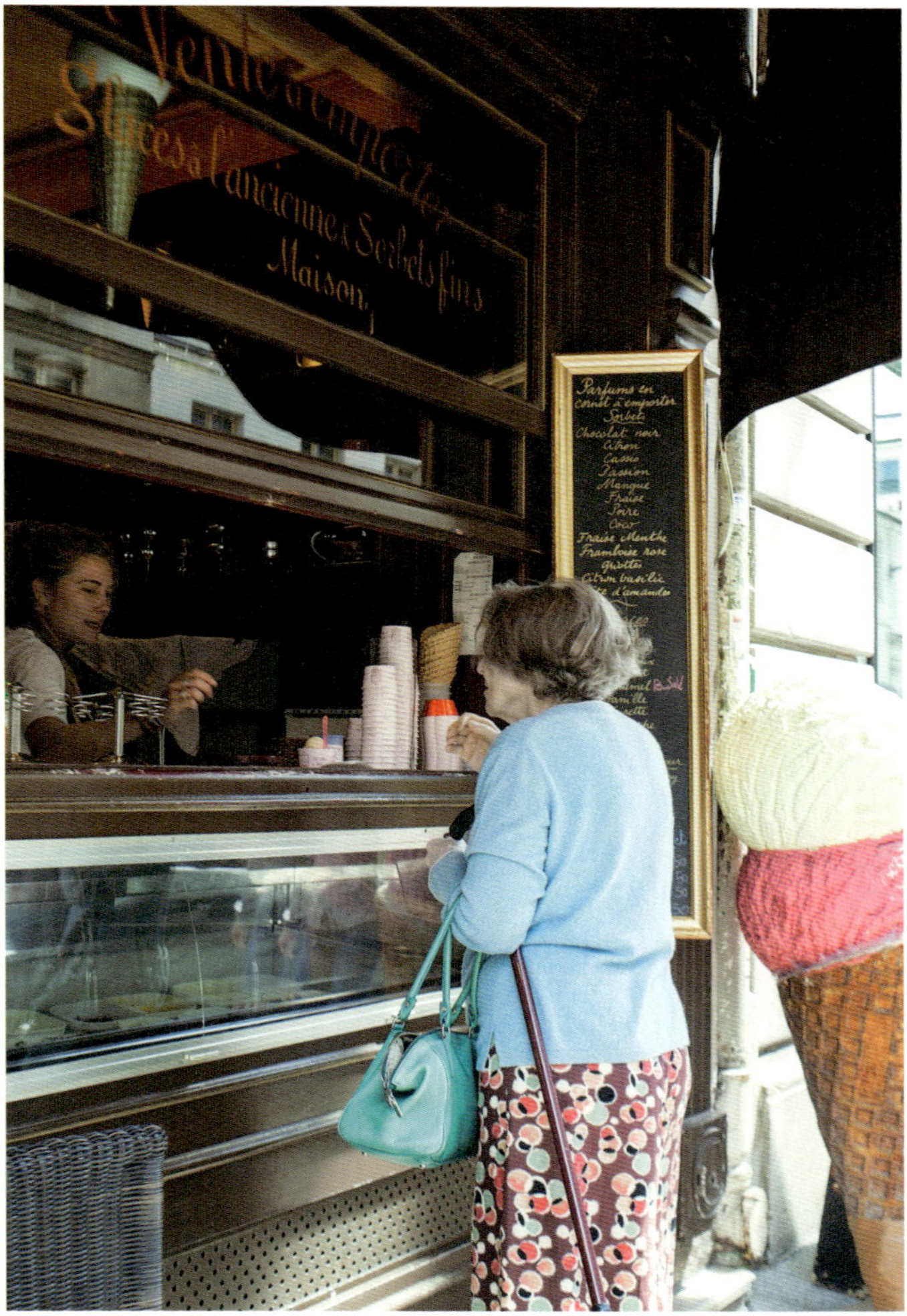

バック通りはパリでもっともブルジョア階級の住むエリア。昔ながらの店が多い。「バック・ア・グラス」もその一軒。

Le Bac à Glaces

地図 D 4-c
109 rue du Bac 75007
Tel: 01 45 48 87 65
月～金 11h-19h、土 11h-19h30
www.bacaglaces.com

Raimo

地図 L
59-61 boulevard de Reuilly 75012
Tel: 01 43 43 70 17
月～土 10h-23h30、日 10h-22h30
www.raimo.fr/

パリのスウィーツ事情

Patisserie

楽屋への差し入れは、舞台直後の疲労を癒してもらいたいので、選ぶ方も気を遣うが、最近はもっぱら「ピエール・エルメ」の〝イスパファン〟にしている。名前が十九世紀半ばに生まれた古代薔薇からつけられたものなので、優雅だし、ライチとフランボワーズ、といういわば東洋と西洋の味が見事に調和しているのも気に入っている。店頭で行列に並ぶのが苦手な私も、〝イスパファン〟のためなら、ボナパルト通りの「ピエール・エルメ」の前で大人しく並んでいる。

その王者の後を追っている若手が何人かいて、いずれもテレビの料理番組から人気が出たせいか、美男揃い。ミシュラン一つ星のレストランの料理人というだけでなく、パティシエとしても脚光を浴びているのが「シリル・リニャック」で、パティシエ激戦区といわれる左岸バック通りの近くにもパティスリーをオープンさせている。そんな彼に突然ソ

LA PÂTISSERIE BY CYRIL LIGNAC

地図 D 5-c
133 rue de Sèvres 75006
Tel: 01 55 87 21 40
月～日 8h-20h
www.lapatisseriecyrillignac.com

PIERRE HERMÉ

地図 C 1-a
72 rue Bonaparte 75006
Tel: 01 43 54 47 77
日～水 10h-19h、
木・金 10h-19h30、土 10h-20h
www.pierreherme.com

「ラ・メゾン・ドゥ・シュー」のシュークリームは小振りなので一口で食べられる。近くの二つ星レストランのシェフがつくる。

LA PÂTISSERIE DES RÊVES

地図 B 6-c
93 rue du Bac 75007
Tel: 01 42 84 00 82
火〜土 9h-20h、日 9h-18h
www.lapatisseriedesreves.com/fr/

YANN COUVREUR

地図 G 1-b
137 avenue Parmentier 75010
火〜日 11h-20h（朝食は8h-）
www.yanncouvreur.com

フィー・マルソーとの噂が流れ、彼女もそれを認めたため目下騒ぎになっている。その才能は創造性豊かで、四季折々新たな菓子を発表していて、根強いファンがいる。

もうひとりの「ヤン・クーヴリュール」も、やはりテレビの人気者で、まだ三十二歳なのにすでにパティシエ学校を開き、マレ地区の店についで新店を左岸に近々オープンするという。

バック通りの「ラ・パティスリー・デ・レーヴ」のフィリップ・コティチーニも、スウィート界の魔術師といわれているし、同じ通りにあるもう一軒の女性シェフ、クレール・ダモンの店は、フルーツを使ったケーキに定評があるところ。

エクレアが好きな人ならマレ地区の天才「レクレール・ド・ジェニ」の店を、シュークリームならその専門店「ラ・メゾン・デュ・シュー」を勧めたい。二つ星シェフが造るほかほかのシューの味は格別。

LA MAISON DU CHOU

地図 B 6-d
7 rue de furstenberg 75006
Tel: 09 54 75 06 05
月～日 11h-20h

L'ÉCLAIR DE GÉNIE

地図 G 2-a
14 rue Pavée 75004
Tel: 01 42 77 85 11
月～金 11h-19h、土・日 10h-19h30
www.leclairdegenie.com/

最高の水はパリの地底から

L'eau Mineral

パリの十六区には、鉄分やカルシウムの多い良質の天然のミネラルウォーターが湧き出しているところがあり、地元の人たちはペットボトルを持って取りにきている。この「パッシーの泉水」は、みたところまるで風情がないけど、十九世紀半ばに掘られた井戸からきている水で、深いところは九〇〇メートルの地下から湧き出している。パッシーのあたりは、十九世紀の頃は温泉宿があって賑わっていたそうだし、腰痛や関節炎にも効くといわれていて、ポー・トー・フーに使うといい味がするときいたことがある。マニアックな人は、最高の珈琲や紅茶を出したければ、ここのラマルティーヌの水でないと駄目だという人もいる。パリの地底から湧き出しているミネラルウォーターを飲んでみるのも、旅のいい思い出になるかもしれない。

Fontaine du Square Lamartine

地図 F 5-c
3 square Lamartine 75016

ボルドー・ワインは文学の香り？

Vin

パリを引き揚げる際、フィリップ・ソレルスが私の自宅にきた時にもってきてくれたボトルがみつかったので、それを持ち帰った。ボルドー生まれの彼は、心底からボルドー至上主義者だった。彼にもらったのも、一九八六年のボルドーの〝シャトー・カルボニュー〟というグラン・クリュだった。だけど保存状態に自信がないので、今では酢になっているかもしれない。

ワインは設備のいいカーヴでないと困る。大手の「タイユヴァン」ならその点申し分ないが、左岸の「ラ・デルニエール・グットゥ」も小さな葡萄畑のものも揃えていて、信頼できるカーヴだと定評がある。また十九世紀末からのカーヴとして、とても評判がいいのは「ペトリサン」というところ。日本語の方がよければ、オペラ界隈に、「ルグラン・フィーユ・エ・フィス」があり、母国語で酒談義が弾むかもしれない。

La Dernière Goutte

地図 B 6-d
6 rue Bourbon le Château 75006
Tel: 01 43 29 11 62
月 15h-19h、火～土 10h30-19h、
日 11h-19h
www.laderniereegoutte.net/vins/

LES CAVES DE TAILLEVENT

地図 E 1-a
228 rue du Faubourg Saint-Honoré 75008
Tel: 01 45 61 14 09
月～土 10h-19h30
www.taillevent.com/

ワイン・カーヴは、保存状態がなによりも大事。昔ながらの、評判のいいカーヴで買うことを勧めたい。

Legrand Filles et Fils

地図 A 2-a
1 rue de la Banque 75002
Tel: 01 42 60 07 12
月 11h-19h、火～木 10h-19h30、
金 10h30-20h、土 10h30-19h30
www.caves-legrand.com/

Caves Petrissans

地図 E 1-a
30 bis avenue Niel 75017
Tel: 01 42 27 52 03
月～金 12h15-14h15,19h45-22h15

とろけるチーズの匂い

Fromages

テーブルの三原則は、パンとワインとチーズだといわれるように、チーズはフランス料理に欠かせないものだ。どんなに素晴らしい食事でも、チーズがなかったら「美女に眼がついていないようなもの」だとも表現されている。

パリのチーズ店は、左岸では、グルネル通りの「バートロミー」、右岸では「ローラン・デュボワ」どちらもパリの三つ星レストランから信頼されている最優良チーズ店といえる。パレ・ロワイヤルの近くには、チーズに情熱を傾けている日本人女性ヒサダさんの「サロン・デュ・フロマージュ・ヒサダ」というのがあるので、日本語で彼女のチーズ話に耳を傾けてみてはどうだろう。

強烈な匂いを放つ〝エポワス〟が食べられるようになったら、本物のグルメといわれているので、試してみては？

Salon du fromage Hisada

地図 B 5-d
47 rue de Richelieu 75001
Tel: 01 42 60 78 48
火～土 ショップ 11h-20h、サロン 12h-18h30
www.hisada.fr/

Fromagerie Laurent Dubois

地図 C 1-b
47 Ter boulevard Saint-Germain 75005
Tel: 01 43 54 50 93
火～土 8h-19h45、日 8h30-13h
www.fromageslaurentdubois.fr/

Barthélémy

地図 B 6-c
51 rue de Grenelle 75007
Tel: 01 42 22 82 24
火～金 9h-13h,16h-19h45、土 9h-13h30,15h30-19h30

ハム、ソーセージ、パテ、テリーヌ、そして熟成肉を

Charcuterie

塩で食肉を保存していたローマ時代にまで遡る豚肉加工食品《シャルキュトリー》は、今ではパテやリエットやテリーヌ、それに小腸に肉詰めをしたアンドゥイエットやソーシーソンなどの種類があり、仕事を持つ忙しい女性たちの強い味方になっている。

左岸の「ジル・ヴェロ」は、その品数の多さからして王者の風格だし、店主はチーズやアンドゥイユ造りで優勝しているので、シャルキュトリー業界でも一目置かれている。

マレ地区の「豚野郎（キャラクテール・ドゥ・コション）」という面白い名の店では、狭いスペースの天井に数多くのソーシーソンが下がっていて、つい買いたくなる。

最近のパリには革新の風が吹いていて、左岸にオープンしたモダンな

保存食のソーシーソンは、どこの家にも置いてある。その専門店「キャラクテール・ドゥ・コッション」は、マレ地区の人気店。

Caractère de Cochon

地図 G 2-a
42 rue Charlot 75003
Tel: 01 42 74 79 45
火〜金 10h-15h,17h-20h、日 10h-14h

Gilles Verot

地図 D 5-d
3 rue Notre-Dame des
Champs 75006
Tel: 01 45 48 83 32
火〜土 8h30-20h
www.verot-charcuterie.fr/

胡椒入りやニンニク入りなど多種多様。一度切った切り口にはオリーブオイルを塗っておく。

肉店「ポルマール」の外観は、まるでファッション・ブティックみたいだが、アキテーヌ地方で十九世紀半ばから畜産業を営んできたポルマール牧場のパリ直営一号店で、左岸の裕福層のグルメ向けに、熟成肉の販売を手がけている。三つ星レストランのシェフや、食通たちに引っ張りだこだという。店を訪れるそうしたグルメたちのために、隣の酒店からワインを取り寄せているので、カウンターで味見もできる。

Boucherie Polmard

地図 B 6-d
2 rue de l'Abbaye 75006
Tel: 01 43 29 76 48
月 15h-20h30、
火〜土 10h-13h30,15h-20h30、日 10h-18h
www.polmard.com

大人の夜遊び、クラビング

Boite de nuit

パリを散策していると、思い掛けないところに、ドラマティックな空間があるのを発見する。アレクサンドル三世橋の橋桁の下にあるナイトクラブ「ショーケース・パリ」も、何かのイヴェントでその場所を知ったが、そうでなければ橋桁の奥に、そんなスペースがあるとは思いもよらなかった。その後ライヴをききにいったが、その時はソフィア・コッポラの夫トーマス・マーズがいるフェニックスが出演していた。激しい音響と熱気から外に出てくると、目前のセーヌの暗い流れの向こうにエッフェル塔のイルミネーションがみえ、現実離れがした光景だった。

二〇〇五年に帰国する時の私の〝さよならパーティー〟は「ル・バロン」というクラブで開いた。その夜は白っぽいぼかしの和服を着て、まだパリを離れるという実感も湧かず、みんなと軽口を叩いていたものだ。私は先に帰ったが、翌朝五時まで続いたという。

le baron

地図 E 2-a
6 avenue Marceau
75008
Tel: 01 47 20 04 01
月～日 23h-30h　休業中
www.clublebaron.com/

SHOWCASE PARIS

地図 E 2-b
Sous le Pont Alexandre III 75008
Tel: 01 45 61 25 43
金・土 23h30-30h
www.showcase.fr/

デヴィッド・リンチがパリに開いたクラブ「シレンシオ」も、リンチの映画の中にいるような店だ。メンバーズのクラブだけど、あらかじめ連絡したら入れることも。

　クラブではないが、ヤン・アンドレアといったモンパルナスの「ローズ・バッド」は、落ち着いた大人のバーで、以前は薄暗い店だったが、最近いったら妙に明るくなっている。バーテンにきくと、「今は喫煙する人が少なくなり、壁に煙が染み込まなくなったからだ」という。そして、「くよくよ健康ばかり気にする時代だからな」と毒付いた。ヤンがいたら、きっと大喜びしたにちがいない。

　近所に住むゴンクール賞作家オリヴィエ・ロランやマリアと夜更けまでおしゃべりをしていたのは、コンデ通りの「ル・バー」というミステリアスな店だった。何度前を通っても気付かないようなバーで、フェリーニ映画の舞台みたいなところだ。じっくりと話し込むには、最適のバーだし、深夜三時、四時まで開いている。

LE BAR
地図 C 1-a
27 rue de Condé
75006
Tel: 01 43 29 06 61
火〜木 21h-27h、
金〜土 21h-28h

Rosebud
地図 D 5-d
11 bis rue Delambre
75014
Tel: 01 43 35 38 54
月〜日 19h-26h

SILENCIO
地図 A 1-a
142 rue Montmartre 75002
火〜木 18h-28h、
金〜土 18h-30h
www.silencio-club.com/
メンバー制だが、予め連絡すれば入れるようだ。

古典から現代アートまで、ミュージアムへの誘い

Musée

大分前だけど、オルセー美術館を貸し切ってパーティーを開いたことがあった。そんな大それたことがどうしてできたのだろうか。当時「ブルータス」とパリの最先端マガジン「グローブ」が共同企画で〝革命二百年〟という特集記事を作ったので、その関係でオルセー美術館にも知り合いができたのだと思う。ともかく日本はまだバブル期だったので、東京の本社も許してくれたのだろう。

ルーヴル美術館より入場者が多いといわれるオルセー美術館は、現在も独自の企画展にも定評があり、世界の美術ファンが毎朝長蛇の列をなしている。有名美術館はともかく、最近はリニューアルした「ピカソ美術館」、ブローニュの森に忽然《こつぜん》と現出したフランク・ゲーリー建築によ

MUSÉE NATIONAL
PICASSO-PARIS

地図 G 2-a
5 rue de Thorigny 75003
Tel: 01 85 56 00 36
火〜日 9h30-18h
www.museepicassoparis.fr/

建築界の巨匠、フランク・ゲーリーの「フォンダシオン・ルイ・ヴィトン」今にも飛び立ちそうなフォルム。

Musée Rodin

地図 E 3-b
77 rue de Varenne 75007
Tel: 01 44 18 61 10
火〜日 10h-17h45
www.musee-rodin.fr/

FONDATION LOUIS VUITTON

地図 F 4-c
8 avenue du Mahatma Gandhi Bois de Boulogne 75116
Tel: 01 40 69 96 00
月によって異なる
www.fondationlouisvuitton.fr/ja.html

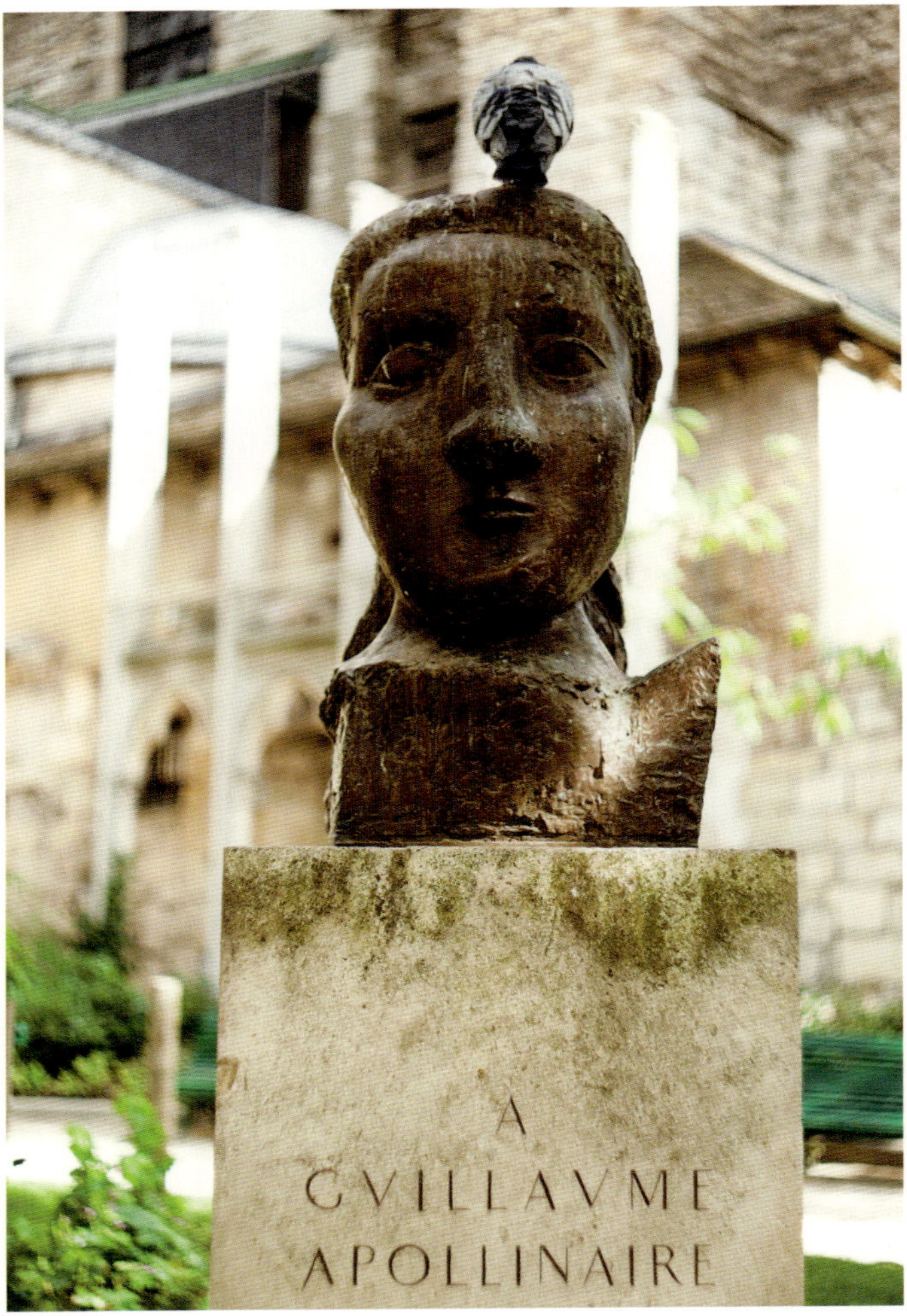

この「ドラ・マール」像は八〇キロもの重さなのに、一九九九年三月に盗まれ、捨ててあるのがみつかった。

Musée Jacquemart-André

地図 E 1-b
158 boulevard Haussmann 75008
Tel: 01 45 62 11 59
月 10h-20h30、火〜日 10h-18h
www.musee-jacquemart-andre.com/

Musée national Gustave Moreau

地図 H
14 rue de La Rochefoucauld 75009
Tel: 01 48 74 38 50
月・水・木 10h-12h45,14h-17h15、
金〜日 10h-17h15
www.musee-moreau.fr/

マレ地区に一六五六年に建てられた「塩の館」オテル・サレは、遺族が寄付した五〇〇〇点を所蔵する。

Maison de Verre

地図 B 6-c
31 rue Saint-Guillaume 75007
Tel: 01 45 44 91 21

Musée Maillol

地図 B 6-c
59-61 rue de Grenelle 75007
Tel: 01 42 22 57 25
火～木 10h30-18h30、金 10h30-21h30、
土・日 10h30-18h30
www.museemaillol.com/

るルイ・ヴィトン財団の美術館「ファンダシオン・ルイ・ヴィトン」もオープンしているし、「ロダン美術館」や「ギュスターヴ・モロー美術館」、「ジャックマール＝アンドレ美術館」も必見といえる。その他「マイヨール美術館」、建築家ピエール・シャローの「ガラスの家」、アフリカン・アートのプライベート・コレクションの「ダッペール美術館」などは、観光客もまばらだし、ゆったりした気分で見学できるだろう。一角獣のタペストリーがあることで知られる「クリュニー中世美術館」も必見の場所で、時折閉館後に中世音楽のコンサートを開いている。

　パリでは街中を歩いているだけで、アート作品にぶつかる。たとえばサンジェルマン・デ・プレ教会脇にある小さな辻公園「ローラン・プラシェ広場」の入り口近くにある頭像は、ピカソが一九五九年に親友アポリネールのために制作した「詩人像」で、ドラ・マールがモデルだといわれている。アポリネールは近くのサンジェルマン大通りに住んでいた。

Square Laurent -Prache

地図 B 6-d
1 place Saint-Germain des Prés 75006

MUSÉE DE CLUNY

地図 C 1-b
6 place Paul Painlevé 75005
Tel : 01 53 73 78 16
月・水〜日 9h15-17h45
www.musee-moyenage.fr/

Musée Dapper

地図 F 4-d
35 bis rue Paul Valéry 75116
Tel: 01 45 00 91 75
月・水・金〜日 11h-19h
www.dapper.fr/

アートな写真をパリで買う

Photographie

雑誌の特派員をしていたので、一年中写真家とペアで仕事をしていた。パリには日本人の写真家がいるとしても、当初から仏版「エル」の編集部にいたせいか、パリにいるのだから現地の写真家と仕事をしたかった。そのせいで思いがけない写真家と仕事をすることになる。

当時からすでに大御所だったロベール・ドアノーやウィリアム・クライン、現在は米、仏版「ヴォーグ」の表紙を撮っていて、英王室写真家といわれるマリオ・テスティーノとも仕事をした。その他ピーター・リンドバーグやパオロ・ロヴェルシ、テリー・リチャードソンといった写真家たちとも撮影をすることができた。

そうするうちに世界報道写真展や国際ファッション写真フェスティバルの審査委員を頼まれるようになり、ますます写真との関係が深くなっ

LA MAISON EUROPÉENNE DE LA PHOTOGRAPHIE

地図 G 3-a
5/7 rue de Fourcy 75004
水〜日 11h-20h
http://www.mep-fr.org/

Fondation Henri Cartier-Bresson

地図 D 6-c
2 Impasse Lebouis 75014
Tel: 01 56 80 27 00
火〜日 13h-18h30 、
土 11h-18h45
www.henricartierbresson.org

ヨーロッパ写真美術館の近くでみかけた壁面の写真。

た。当時国立写真センター館長だったロベール・デルピールに、日本人の写真好きがいる、と面白がられ、ヨゼフ・クーデルカが独自の感性で見据えた、美しいモノクロームの世界を教えてもらった。フランス文学の翻訳をしていた私にとって、写真も文学も、エモーションを瞬時に掬《すく》い取るという意識の根底には、同じ流れがあるように思えた。

アンリ・カルティエ＝ブレッソンの親友だったロベール・デルピールは、ブレッソンの死後、「アンリ・カルティエ＝ブレッソン財団」の写真美術館の初代館長になっている。マレ地区にあるヨーロッパ写真美術館も見逃せない場所だ。

写真批評家としても、ヨーロッパ随一といわれていたロベール・デル

Galerie CAMERA OBSCURA

地図 D 6-d
268 boulevard Raspail 75014
Tel: 01 45 45 67 08
火～金 12h-19h、土 11h-19h
www.galeriecameraobscura.fr/

LA HUNE

地図 B 6-d
16 rue de l'Abbaye 75006
Tel: 01 42 01 43 55
月～木 10h30-19h30、
金～土 10h30-21h、
日 11h30-19h30
www.la-hune.com

Magnum Gallery

地図 B 6-d
13 rue de l'Abbaye 75006
Tel: 01 53 42 50 27
水～土 14h-18h
www.magnumphotos.com

ピールのデザイン事務所だったところが、今は写真家集団マグナムの「マグナム・ギャラリー」となり、ロバート・キャパやマルク・リブー、クーデルカの写真をみることができる。同じ通りには、サルトルやカミュに愛された書店「ラ・ユヌ」が惜しまれながら閉店した後、新しい経営者が、写真集制作や写真展を開催するフォトショップ「ラ・ユヌ」をオープンさせた。どちらもサンジェルマン・デ・プレの老舗カフェ、ドゥ・マゴの目と鼻の先にある。

その他にも、現代アート発信地ともいえるカルティエ財団の傍に、「カメラ・オブスキュラ」という写真ギャラリーがあり、モード写真家としてイタリア版やフランス版「ヴォーグ」で活躍しているパオロ・ロヴェルシの写真が買える。国際的名声の報道写真家セバスチャン・サルガドは、マレ地区のギャラリー「ポルカ」が扱っている。そのギャラリーの近くのセヴィニェ通りには「コントワール・ドゥ・リマージュ」という、絶版の写真集がみつかる貴重な古本屋もある。

polkagalerie

地図 G 2-a
12 rue Saint-Gilles 75003
Tel: 01 76 21 41 30
火～土 11h-19h30
www.polkagalerie.com/

Comptoir de l'Image

地図 G 2-a
44 rue Sévigné 75003
Tel: 01 42 72 09 17

コンテンポラリー・アートのスターたち

Art contemporain

虚構と現実を混ぜて、物語を築き上げるアーティスト、ソフィ・カルのアトリエにいったことがある。鼠のような小動物や鳥の剥製が無数置かれていて、楽園を思わせる明るい庭先から入ると、家の中との温度差に、少し面食らったのを覚えている。隣には、瀬戸内海の豊島にある「心臓音のアーカイブ」で知られる世界的アーティスト、クリスチャン・ボルタンスキーとアネット・メサジェの大物カップルが住んでいた。

ヴェネツィアでは見知らぬ男を尾行して、それを作品にしているし、「最後のとき／最初のとき」展では、盲目になった人が最後にみたイマージュを追い求め、最近ではエッフェル塔の最上階で眠っているソフィ・カルを、一般客が見学する、というパフォーマンスをやってのけた彼女は、仏・アート界の最前線にいるスターといえる。

現代アートフェアとして、毎年十月に開催される「フィアック」には、

GALERIE PERROTIN

地図 G 2-a
76 rue de Turenne 75003
Tel: 01 42 16 79 79
火～土 11h-19h
www.perrotin.com/

Fiac

2016 年は10月20-23日
GRAND PALAIS と PETIT PALAIS
他にて開催
Avenue Winston Churchill 75008
www.fiac.com/paris

パリの主要ギャラリーが参加するし、それぞれが扱っているアーティストたちの作品が展示されるので、アート・コレクターだけでなく、一般客もやってきて賑わっている。いわばパリジャンの年中行事といってもいい。

村上隆を世界的な知名度にして、一躍コンテンポラリー・アート界のカリスマ・ギャラリストといわれるようになったエマニュエル・ペロタンの「ギャラリー・ペロタン」が選ぶアーティストたちは、常にアート界で注目の的だが、最近の彼はソフィ・カル、加藤泉、テリー・リチャードソンなどを扱っている。

ジャスパー・モリソンで知られるギャラリー「クレオ」も、活気があるところだけど、若手アーティストたちを発掘する「カメル・ヌムール」も、新しいアートの方向性を模索するのに、心血を注いでいるギャラリーといえる。日本ではまだ知られていないアーティストたちに出会えるチャンスかもしれない。

kamel mennour

地図 A 3-a
47 rue Saint-André des arts 75006
& 6 rue du Pont de Lodi 75006
Tel: 01 56 24 03 63
火〜土 11h-19h
www.kamelmennour.com/

Galerie kreo

地図 A 3-a (C 1-a)
31 rue Dauphine 75006
Tel: 01 53 10 23 00
火〜土 11h-19h
www.galeriekreo.com/

新しいコンサートホールは未来派の空間

Concerts classiques

二〇一四年までは、〝パリ管〟と呼ばれるパリ管弦楽団を「サル・プレイエル」できくというのが、クラシック・ファンの定石だったけど、ジャン・ヌーヴェルによる未来派建築の「フィルハーモニー・ドゥ・パリ」がラ・ヴィレット公園に現出してからは、クラシック音楽だけでなく、ジャズやポップス、ヒップ・ホップ、ワールド・ミュージックに至るまで、ジャンルを越えた音楽のコンサートが、その建物の三つのホールで開催されるようになった。華やかな外観だが、音の振動を体感できるという最先端の音響設備を備えていて、パリの音楽ファンを、喜ばせている。

他にも「バスティーユ・オペラ座」や「サル・カヴォー」、「シャンゼリゼ劇場」などがあるし、教会でもコンサートが開かれている。パリ最古の教会のひとつ「サン＝ジュリアン・ル・ポーヴル教会」でも、よく素晴らしいコンサートをきいたものだ。

Opéra Bastille
地図 G 3-b
Place de la Bastille 75012
Tel: 01 40 01 19 70
www.operadeparis.fr/

Philharmonie de Paris
地図 I
221 avenue Jean-Jaurès 75019
Tel: 01 44 84 44 84
www.philharmoniedeparis.fr/fr

SALLE PLEYEL
地図 E 1-a
252 rue du Faubourg Saint-Honoré 75008
Tel: 01 42 56 13 13
www.sallepleyel.com

フランスを代表する建築家ジャン・ヌーヴェルの力作、フィルハーモニー・ドゥ・パリの外観。

Église Saint -Julien -le-Pauvre

地図 C 1-b
79 rue Galande 75005
Tel: 01 43 54 52 16
www.sjlpmelkites.fr/

Théâtre des Champs-Élysées

地図 E 2-a
15 avenue Montaigne 75008
Tel: 01 49 52 50 00
www.theatrechampselysees.fr

SALLE GAVEAU

地図 E 1-b
45-47 rue de la Boétie
75008
Tel: 01 49 53 05 07
www.sallegaveau.com

映画ゆかりの地

Cinéma

ゴダールやトリュフォーが溜まり場にしていたという「ラ・シネマテーク・フランセーズ」は、現在はビルバオのグッゲンハイム美術館で知られるフランク・ゲーリーの手によって斬新な建物に生まれ変わっている。館内では以前のように名画上映や、展覧会、ポスター展などが行なわれている。

最近柿落しをした「フォンダシオン・ジェローム・セドゥ」は、大手映画会社「パテ」の会長ジェローム・セドゥの発案で設立された民間のシネマテークで、無声映画など貴重な作品を所有する「パテ」が、手持ちの名画を上映し、映画絡みの独立企画の展覧会を開いている（ちなみにジェローム・セドゥは、『００７ スペクター』でボンドガールを演じたレア・セドゥの祖父にあたる）。私もいつかディートリッヒの無声映画『間諜Ｘ２７』をじっくり観てみたいと思っているが、まだその

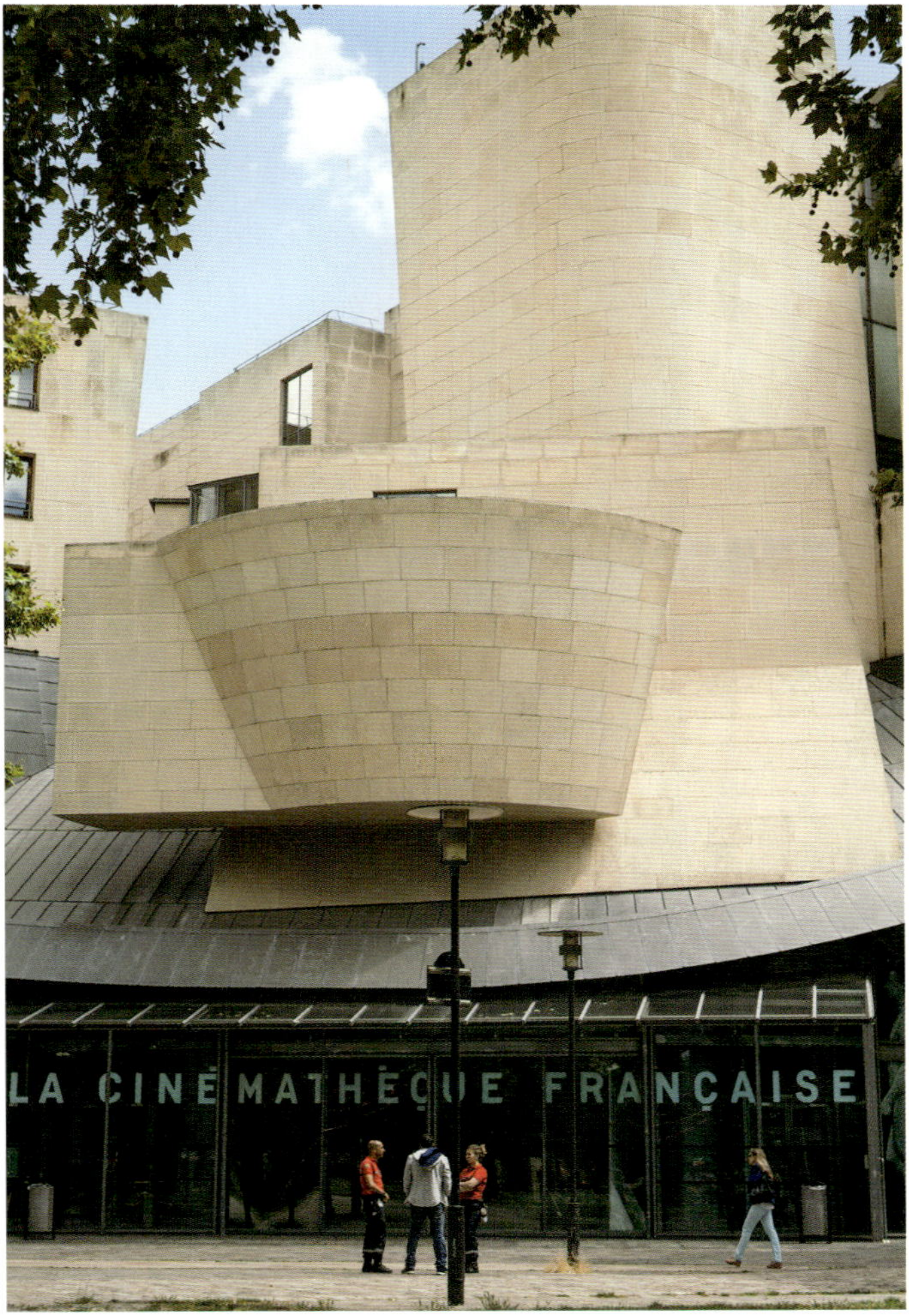

堂々とした巨匠フランク・ゲーリーの建てたラ・シネマテック・フランセーズの外観。

FONDATION JÉRÔME SEYDOUX

地図 K
73 avenue des Gobelins 75013
Tel: 01 83 79 18 96
www.fondation-jeromeseydoux-pathe.com/

La Cinémathèque française

地図 L
51 rue de Bercy 75012
Tel: 01 71 19 33 33
月・水～日 12h-19h
www.cinematheque.fr/

機会はない。

　モンパルナスのメーヌ通りにゴダールの事務所があった頃、インタヴューをしたことがある。薄暗い部屋の片隅に小さな机を置き、その上には夥しい数の鉛筆が山積みになっていて、どれもいかにも神経質そうに、爪楊枝くらいに芯が細く削られていた。

　ゴダールの作品の中でも『勝手にしやがれ』はパリとマルセイユで撮影されていて、ジーン・セバーグ演じるパトリシアは、シャンゼリゼで「ヘラルド・トリビューン」の新聞売り娘をしていた。近くのメトロ、ジョルジュ・サンク駅や「ディオール本店」、ノートルダム寺院近くのサン・ミシェル河岸やダンテ通り、老舗カフェの「ル・ドーム」や「ル・セレクト」といった場所も登場する。

　ラストシーンは印象深く、ジャン＝ポール・ベルモンドが、リュクサンブール公園脇の、カンパーニュ・プルミエール通りの真ん中をふらつきながら、路上にばたりと倒れて息絶えるが、その場面はカンパー

Le Select
地図 D 5-d
99 boulevard du Montparnasse 75006
Tel: 01 85 15 26 18
月〜木・日 7h-26h、金・土 7h-27h
www.leselectmontparnasse.fr

Le Dôme
地図 D 5-d
108 boulevard du Montparnasse 75014
Tel: 01 43 35 25 81
月〜日 12h-15h,19h-23h
www.restaurant-ledome.com

Christian Dior
地図 E 2-a
30 avenue Montaigne 75008
Tel: 01 44 13 22 22
月〜土 10h-19h
www.dior.com

アンドレ・ブルトンの『ナジャ』やウディ・アレンの映画に登場するドフィーヌ広場。

ニュ・プルミエール通り一一七辺りだったという。その同じ通りに一八七二年に若かったアルチュール・ランボーが、窓がひとつしかない悲惨な部屋に住んでいたことを、ゴダールが知らなかったはずがない。

　ウディ・アレンの『ミッドナイト・イン・パリ』は、舞台は戦前のパリで、ヘミングウェイやスコット・フィッツジェラルドとゼルダのカップル、ダリやマン・レイが登場するので、レトロな場所ばかりだけど、実に

Musée Rodin

地図 E 3-b ／前出p111

Le Bristol Paris

地図 E 2-b ／前出p43

Restaurant Paul

地図 A 3-a
15 place Dauphine 75001
Tel: 01 43 54 21 48
月～土 12h-14h30,19h-22h
http://www.restaurantpaul.fr

Rue Campagne Prémiere

地図 D 6-d (C 3-a)

センスのいいところが選ばれている。アンドレ・ブルトンの『ナジャ』の舞台にもなっているシテ島の、ドフィーヌ広場に面したビストロ「ポール」もそのひとつで、目前のドフィーヌ広場一五番地にはイヴ・モンタンとシモーヌ・シニョレが住んでいた。現在は同じ建物に日本でも翻訳されている作家のイヴ・シモンが暮らしている。

撮影中、ウディ・アレンはホテル「ブリストル」を定宿にしていたそうだが、都会の中心部とは思えないホテル中庭の薔薇の咲き誇る風景も、もちろん映画に登場している。撮影当時ファースト・レディだったカーラ・ブルーニ・サルコジ夫人が登場する「ロダン美術館」にしても、バック通りにあるミステリアスな動物標本店の老舗「デロール」や、それに「サン・テティエンヌ・デュ・モン教会」にしても、パリの華やかさの傍らで、ゆるやかに時が流れているところばかりだ。こうした映画のシーンをつないでいけば、極めつけのパリ・ガイドになるだろう。

Église Saint-Étienne du Mont

地図 C 2-b
30 rue Descartes 75005
Tel: 01 43 54 11 79
www.saintetiennedumont.fr

Deyrolle

地図 B 6-c
46 rue du Bac 75007
Tel: 01 42 22 30 07
月 10h-13h,14h-19h、
火～土 10h-19h
www.deyrolle.com

フランス文学の作家たちの家

Maison d'ecrivain

マルグリット・デュラスが住んでいたサン・ブノワ通りのアパルトマンは、借家だったため、一九九六年三月サンジェルマン・デ・プレ教会でのデュラスの葬儀が終わると、明け渡さなければいけなかったという。どうしてそこを文化庁が買い取って、記念館にしなかったのだろうか。サン・ブノワ通り五番地の窓下を通る度にそう思う。

　高級住宅街十六区に、十九世紀の文豪バルザックの住んだ屋敷が、そのまま「バルザック記念館」として残されている。バルザック記念館は、レヌアール通りとベルトン通りという、ふたつの通りの間にある傾斜地に建っていて、それぞれ上と下に出入り口があり、借金取りや会いたくない女のひとがやってくると、下の勝手口から逃げ出していたという。巨漢のバルザックがあたふたと逃げ出す姿を想像するとなんだか可笑し

Maison de BALZAC

地図 F 6-d
47 rue Raynouard 75016
Tel: 01 55 74 41 80
火〜金 12h30-17h30、
土 10h-13h,14h-17h30
maisondebalzac.paris.fr/

『谷間の百合』などで知られる文豪バルザックが、執筆をしていた書斎がそのまま残されているバルザック記念館。

Maisons de Victor Hugo

地図 G 3-a
6 place des Vosges 75004
Tel: 01 42 72 10 16
www.maisonsvictorhugo.paris.fr/

MUSÉE CARNAVALET

地図 G 2-a
16 rue des Francs-Bourgeois 75003
Tel: 01 44 59 58 58
火〜日 10h-18h
www.carnavalet.paris.fr/

くなる。

借金取りの目をくらますために、家政婦の名前の表札を出していたというその屋敷には、エレガントなサロンや書斎があって、十九世紀の雰囲気がそのまま残っているので、バルザックの小説を読破した熱烈なファン〝バルザシアン〟でなくとも、充分に愉しめる場所だと思う。

マレ地区にあるパリ市のカルナヴァレ歴史博物館には、プルーストが最後に住んだ部屋が、そのまま再現されているが、そのことは意外に知られていない。

ヴォージュ広場には、文豪ヴィクトル・ユゴーが住んでいた邸宅が「ヴィクトル・ユゴー記念館」になっている。ＤＩＹの先駆者といってもいいユゴーは家具だけでなく、色々な木工を手掛けていて、職人並みの完成度に舌を巻く。一八三二年から十六年間そこに住んでいたユゴーは、『レ・ミゼラブル』の大半をその住居で執筆している。バルザックもよく訪れていたという。

文壇のスターたちがいるカフェ

Café littéraire

時代の移り変わりと共に、作家の出入りするカフェも、モンパルナスから、今はサンジェルマン・デ・プレに移っているし、「セレクト」や「ラ・クーポル」から、「フロール」「リップ」「ドゥ・マゴ」にと変わってきている。新しい傾向としては、カフェが文学賞を与える場になってきていて、「フロール」「ドゥ・マゴ」はそれぞれ独自に、毎年「十一月賞」や「ドゥ・マゴ文学賞」を、カフェで選考している。

「フロール」の「十一月賞」は、人気作家で、テレビにも出演し知名度の高いフレデリック・ベルヴェデールが審査委員長をしていて、まだ文壇では評価の定まらなかったミシェル・ウエルベックの『素粒子』に賞を与えた。新哲学派といわれたベルナール＝アンリ・レヴィは、白いワイシャツにブラック・ジーンズ姿で、よくきているし、もちろんウエルベックや人気女流作家クリスティーヌ・アンゴ、ノーベル文学賞のル・

Café de Flore

地図 B 6-d ／前出 p69

Brasserie LIPP

地図 B 6-d
151 boulevard Saint-Germain 75006
Tel: 01 45 48 53 91
月～日 8h30- 25h
www.brasserielipp.fr/

Le Select

地図 D 5-d ／前出 p124

La Coupole

地図 D 5-d
102 bd du Montparnasse 75014
Tel: 01 43 20 14 20
月～金 8h-23h、土・日 8h-24h
www.lacoupole-paris.com/en/

キキやマン・レイがこのブールヴァール・モンパルナスの両側にあるカフェを往来していた。

クレジオも、顔をみせるカフェだ。ソレルスは二階の席でよく話し込んでいて、マリア・コダマ・ボルヘスも二階が好きだという。それは生前のボルヘスときていたからのようだ。私もウンベルト・エーコ夫妻とマリアと、みんなで「フロール」の二階にいったことがある。

　バスティーユ広場に面した哲学者のカフェといわれる「デ・ファー」は、毎週日曜その日のテーマが喧々諤々《けんけんがくがく》されていて、飛び入り歓迎だそうだ。

Café des Phares

地図 G 3-a
7 place de la Bastille 75004
Tel: 01 42 72 04 70
月〜日 7h-25h
www.cafe-philo-des-phares.info/

LES DEUX MAGOTS

地図 B 6-d
6 place Saint-Germain des Prés 75006
Tel: 01 45 48 55 25
月〜日 7h30-25h
www.lesdeuxmagots.fr

パリジェンヌになった気分、ボーブールの図書館

Bibliothèque

パリにいても、東京にいても、人生の大半をカフェと図書館で費やしている私としては、パリの図書館にも触れておきたい。

まだ人の列ができていない時間帯なら、「ポンピドゥー・センターの図書館」を上手に活用すれば、ネットカフェをあちこち探し廻る必要もないし便利だ。ポンピドゥーの正面広場からではなく、図書館は裏側から入るようになっていて、一旦パソコン持参で中に入ったら、好きなだけ最新号の雑誌を読み、ネットの作業もできるし、ＬＡＮは一時間半という制限があっても、その間無料で使える。

「ボーブールの図書館にきているの」と友人に伝えると、いかにもパリという都市にコミットしたような気分になる。館内は二二〇〇人分の席があるので、坐れない心配もないだろう。

左岸にある「フランス国立図書館フランソワ・ミッテラン館」は、電

Bibliothèque
Centre Pompidou

地図 A 2-b
1 rue Beaubourg 75004
月・水～金 12h-22h、土・日・祝 11h-22h
www.bpi.fr/en/sites/SiteInstitutionnel/home/la-bibliotheque.html

子図書も含めると厖大《ぼうだい》な数の書物を所有しているし、講演会やコンサート、シンポジウムや展覧会など、一年を通じて、活発なカルチャー発信をしている。自主企画では、貴重な資料を使った展覧会も開催していて、ネットの「ガリカ」（Ｇａｌｌｉｃａ）というオンライン会場が設けてあるので、日本にいながらにして、ヴァーチャルでそれを見学することもできる。文化王国フランスの威厳をかけて、申し分のない知的環境が整っているし、注目の女流作家クリスティーヌ・アンゴの講演会など、フランス現代文学の作家たちの生の声をきくことができる。日本の国会図書館と同じ施設だが、書物を揃えた書庫というだけでなく、年中独自の企画展をしている点が異なる。

　だがもっともパリで美しい図書館といったら、六区のセーヌ河岸にあるパリ最古の「マザラン図書館」だと思う。十七世紀のマザラン枢機卿の蔵書を図書館にしたもので、貴族の館のような邸宅だ。展覧会も充実している。

Bibliothèque Mazarine

地図 B 6-d
23 Quai de Conti 75006
Tel: 01 44 41 44 06
月〜金 10h-18h
www.bibliotheque-mazarine.fr/

Bibliotheque nationale de France

地図 L
Quai François-Mauriac 75706
Tel: 01 53 79 59 59
月 14h-20h、火〜土 9h-20h、日 13h-19h
www.bnf.fr/fr/acc/x.accueil.html

地元のひとたちに人気の書店

LIBRAIRIE

サンマルタン運河に面した本屋兼アート・スペース「アルタザール」は、いつも若い人たちで賑わっている。創刊したばかりのモード誌から話題の本まで、パリの新しいカルチャーの情報を知ることができる本屋といえる。壁面を使ったイラストや写真展も、展示数は少なくても、結構充実していて、リピーターも多い。

ヴィジュアル本を本格的に扱っているのは、リヴォリ通りの「ガリニアニ」書店で、ウィンドーにもそのセンスが光っている。

左岸の知識人の溜まり場だったカフェ、フロールやドゥ・マゴの近くには、「レキューム・デ・ページ」

左岸の知性派ならきっと知っている書店「ラ・プロキュール」。

という書店があって、入口近くにはお洒落なステーショナリーも置かれている。サン・シュルピス広場の近くには、文学書ならほとんどみつかる「リブレリィ・ラ・プロキュール」という名店もある。もともとカトリック関連の書店だったところで、他でみつからない本もここではみつかる。

Artazart

地図 G 1-a
83 Quai de Valmy 75010
Tel: 01 40 40 24 00
月〜金 10h30-19h30、
土 11h-19h30、日 13h-19h30
www.artazart-paris.fr/

Galignani

地図 B 5-c
224 rue de Rivoli 75001
Tel: 01 42 60 76 07
月〜土 10h-19
www.galignani.fr/

L'Ecume des Pages

地図 B 6-d
174 boulevard Saint-Germain 75006
Tel: 01 45 48 54 48
月〜土 10h-24h、日 11h-22h
www.ecumedespages.com/

Librairie La Procure

地図 D 4-d
3 rue de Mézières 75006
Tel: 01 45 48 20 25
月〜土 9h30-19h30
www.laprocure.com/

ロマネスク様式 Style Roman

名物カフェ、ドゥ・マゴ前の「サンジェルマン・デ・プレ教会」は、ビザンティンの混ざったロマネスク様式で、メロヴィング王のキルデベルト一世が五四二年に建てた、パリ最古の教会のひとつ。サン・ドニ大聖堂が王の遺体を納めて正式教会になるまでは、最も重要な教会として、ローマ法王と直結していたという。

「サン・ジュリアン・ル・ポーヴル教会」も、ロマネスク様式末期のもので、静けさの中で、装飾を排した純粋な美しさには胸を打たれる。

ゴティック様式 Style Gothique

十二世紀後半から十五世紀初めまでのゴティック様式は、素朴で純粋なロマネスク様式と異なり、ステンドグラスやフランボワイヤン・スタ

Église Saint-Germain des Prés

地図 B 6-d
1 place Saint-Germain des Prés 75006
Tel: 01 55 42 81 10
月〜日 9h15-12h30,14h-17h45
www.eglise-saintgermaindespres.fr/

ノートルダム寺院の近くにある小さなロマネスク様式のサン・ジュリアン・ル・ポーヴル教会。

Cathédrale Notre-Dame de Paris

地図 A 3-b（C 1-b）
6 Parvis Notre-Dame Place
Jean-Paul II 75004
Tel: 01 42 34 56 10
月〜金 9h30-18h、土日 9h-18h
www.notredamedeparis.fr/

Église Saint -Julien-le-Pauvre

地図 C 1-b ／前出p121

イルが生まれて、時代に華やぎが加わってくる。「ノートルダム寺院」や「サン・セヴラン教会」に代表される。

ルネサンス様式 Style Renaissance

ゴティックはどこか荒削りなイメージだったが、一四二〇年から十七世紀初めまでのルネサンス期は、均衡のとれた調和を加味して、完璧な美を追求している。「サン・テティエンヌ・デュ・モン教会」や「サント・ウスタシュ教会」に、その優雅な姿が集約されている。

バロック様式 Style Baroque

「完璧に調和の取れた長男の次に生まれた次男は、歪み、きしみ、たわみ、地底の闇に向かった」と私は旅行誌「ガリバー」の〝バロックの系譜〟に書いたと思うが、〝不揃いな真珠〟のバロッコからきたバロック様式は、十七世紀から十八世紀にかけて、反逆の中で異形の美に向かっていく。

Église de Saint-Séverin

地図 C 1-b
1 rue des Prêtres-Saint-Séverin 75005
Tel: 01 42 34 93 50
月〜土 11h-19h、日 9h-20h
www.saint-severin.com/

ノートルダム寺院脇にある辻公園。一六〇二年に植えられた「ロビニア・プシュドアカシア」という老樹があり、今も芽が出ている。

Église Saint-Eustache

地図 A 2-a
2 impasse Saint-Eustache 75001
Tel: 01 42 36 31 05
月〜金 9h30-19h、
土・日 9h-19h
www.saint-eustache.org/

Église Saint-Étienne du Mont

地図 C 2-b ／前出p126

バロック様式がそのまま残っているマレ地区にあるサン・ポール・サン・ルイ教会。外の喧噪に較べて、中はミステリアス。

L'Opéra Royal de Versailles

地図 O
Château de Versailles-Place d'Armes 78000 Versailles
Tel: 01 30 83 78 00
www.chateauversailles.fr/

Église Saint-Paul Saint-Louis

地図 G 3-a
99 rue Saint-Antoine Paris 75004
Tel: 01 42 72 30 32
月～日 8h-20h
www.spsl.fr/

マレ地区のサンポール駅から出たすぐのところに「サン・ポール・サン・ルイ教会」があり、今では黒ずんで埃を被り、外観は風格があっても、現実には時代の片隅に置き去りにされている。この教会に土地を提供したルイ十三世を守護神にしていて、その生涯を描いた絵の一枚が盗まれたので、そこにはドラクロワの「オリーヴ山のキリスト」が飾られているが、パリに現存するバロック期の建物の中でも、当時の面影を残した貴重なもの。十九世紀には現在カルナヴァレ美術館のある建物に住んでいたセヴィニエ夫人は、この教会に通っていたし、入口に置かれた聖水のための大きな貝殻は、近くのヴォージュ広場に住んでいた文豪ヴィクトル・ユゴーが寄贈したという文学者ゆかりの一面もある。

有名な観光スポットよりも、一カ所だけでいいから記憶に残るバロック期の建物をみたい方には、ヴェルサイユ宮殿の「王室オペラ劇場」を勧めたい。そこでモンテヴェルディでも演奏していたら、それは珠玉のひとときとなるにちがいない。

一七〇七年に完成した「廃兵院アンヴァリッドのドーム」もバロック期のもの。

アール・ヌーヴォー様式 Style Art Nouveau

植物の蔦が絡まっているような優美な曲線を描いたアール・ヌーヴォー様式は、一九世紀末からベル・エポック様式ともいわれる二〇世紀初頭、一九二〇年までのスタイルで、エミール・ガレ、エクトル・ギマール、ルネ・ラリックのガラス器などでも知られている。建物では十六区にある「キャステル・ベランジェ」に、そのスタイルが見事に残っている。

ファサードが素晴らしいのは、一八六四年に建てられた七区ラプ街二九の建物で、セラミックを使った初期のアール・ヌーヴォーの装飾が細やかで、エレガントな扉になっている。

パリから五六〇キロ離れているが、アール・ヌーヴォーのガラス器が

L'hôtel des Invalides

地図 E 3-b
129 rue de Granelle 75007
Tel: 01 44 42 37 75
[4 月 1 日から 10 月 31 日] 月〜日 10h-18h
[11 月 1 日から 3 月 31 日] 月〜日 10h-17h
www.musee-armee.fr/lhotel-des-invalides/

パリの歴史建造物に指定のアール・ヌーヴォー様式の代表作。高級住宅地十六区にあるギマールの「キャステル・ベランジェ」。

Castel Béranger

地図 F 6-c
14 rue la Fontaine 75016

一九三七年パリ万博のために建てられたシャイヨー宮には、広大なパノラマの眺望が広がる。

Théâtre des Champs-Élysées

地図 E 2-a ／前出p121

Palais de Chaillot

地図 F 5-d
1 place du Trocadéro 75016
Tel: 01 58 51 52 00

生まれたナンシーまで足を伸ばせば、当時のスタイルの建物が町のあちこちに残っていて、そこを訪ね歩く取材をしたことがある。

アール・デコ様式 Style Art Déco

　一九二〇年から三〇年にかけて、幾何学模様を使ったグラフィックな様式美が台頭してきて、柔らかい曲線のアール・ヌーヴォーの優しさに対して、角張った模様のアール・デコが生まれて、躍動感あふれるシルエットを生み出した。

　建物としては、トロカデロ広場に面した「シャイヨ宮」がその時代で、広大な空間に翼を広げた建築美のパノラマは素晴らしく、そこでよくファッション撮影をしたものだ。

「シャンゼリゼ劇場」は一九一三年に、当時を代表する建築家オーギュスト・ペレとギュスターヴ・ペレ兄弟の手で造られていて、今も狂乱の二〇年代の残香の漂う空間として、パリのシアター・シーンを彩っている。

アートな散歩道

Balade Artistique

街中を歩いていると、思いがけないアート作品やカルチャーポイントをみつけることがある。

左岸サンジャック通り二七を通りかかったら、頭上を見上げて建物の側面にある、サルバドール・ダリの日時計を見てほしい。人面の時刻盤なのですぐに分かる。

サンシュルピス広場脇のフェール通り四には、一八七一年にアルチュール・ランボーが「酔いどれ船」を初めて朗読した場所だということが、美しいカリグラフィーで記されている。雰囲気のある背景なので、旅の記念撮影にはもってこいかもしれない。壁に沿って歩いていると、目前にリュクサンブール公園の木立がみえてくる。

セーヌ河岸の近くにあるダリの日時計とサンシュルピス広場に近いランボーの記念文。

Arthur Rimbaud
Mur Le Bateau Ivre

地図 C 1-a
4 rue Férou 75006

Salvador Dali
Sundial

地図 C 1-b
27 rue Saint-Jacques 75005

ノスタルジーの漂うパッサージュへ

Passages

薄暗い空間に、白黒の碁盤のタイルがどこまでも伸びている「パッサージュ・ヴェロ・ドダ」をみていると、鏡の世界に吸い込まれてしまいそうになる。現実と非現実をつなぐ秘密のタイム・トンネルにみえてくるからだ。

私の最初の職場は、パリの西端のヌイィにあったマガジンハウスのパリ支局で、仏版「エル」の編集部の中にあった。次はサンシュルピス教会脇の編集部兼自宅に移り、そして一九九〇年頃からは、新聞のフィガロ社の中になった。当時フィガロ社はヴィクトワール広場の近くにあり、その裏手には、一八〇〇年に完成したというパリ最古の「パッサージュ・デ・パノラマ」があった。その頃グラン・ブールヴァールの歯医者に通院していたので、週に一回、「パッサージュ・デ・パノラマ」だけでなく、その先のグレヴァン蝋人形館にも通じている「パッサージュ・ジュフロ

Passage des Panoramas

地図 A 1-a
10 rue Saint-Marc75002 から
11 boulecard Montmartre まで

GALERIE VÉRO-DODAT

地図 A 2-a
19 rue Jean-Jacques Rousseau
75001 から 2 rue du Bouloi まで

「パッサージュ・ジュフロワ」の、玩具や絵葉書などがあふれている店「パン・デピス」

ワ」を通り抜け、オートヴィル通りに出た。

「パッサージュ・デ・パノラマ」にあるヴァリエテ座の前を通る時は、オッフェンバッハの「ホフマンの舟歌」がきこえてきそうな気がしたし、歩いていると、ヴィクトル・ユゴーやバルザックの幻影とすれ違いそうだと思ったが、そのうち慣れてくると、ふたつのパッサージュを小走りで駆け抜けた。

現在は日本人の佐藤伸一シェフが、「パッサージュ・デ・パ

PASSAGE 53

地図 A 1-a
53 passage des Panoramas 75002
Tel: 01 42 33 04 35
火～土 12h-13h,20h-21h
www.passage53.com/

Passage Jouffroy

地図 A 1-a
10 boulevard Montmartre 75009 から
9 rue de la Grange-Batelière まで

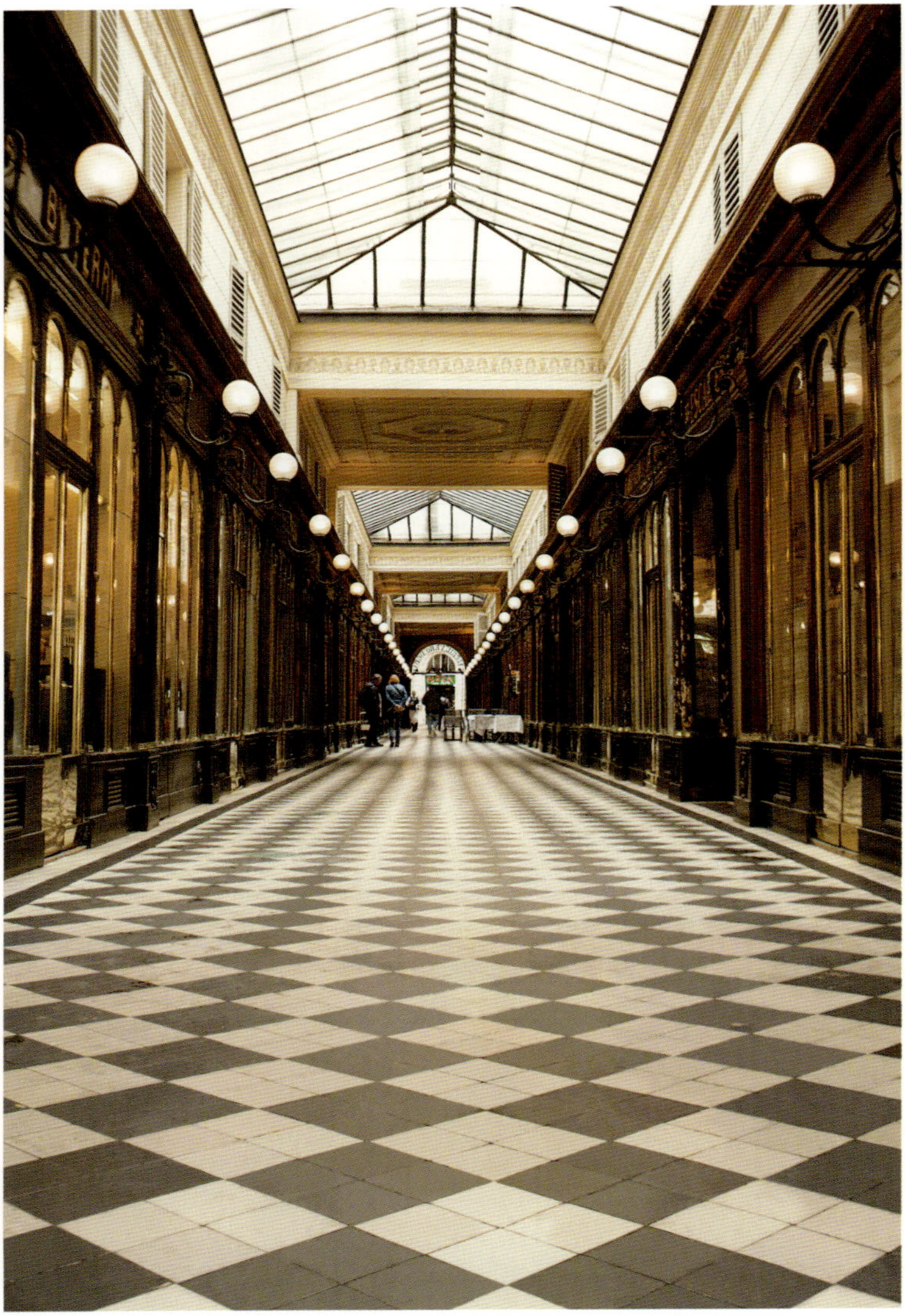

ノスタルジックな雰囲気のパッサージュ・ヴェロ・ドダ。この中に「クリスチャン・ルブタン」の本店がある。

ノラマ」にレストラン「パッサージュ53」を開き、わずか二年で二つ星を取って脚光を浴びて、今ではトレンド発信のパッサージュになっている。私が初めて名刺を作った「ステルン」も、フィリップ・スタルクがリニューアルして、人気のブラッスリー「ステルン」に生まれ変わった。だが頭上にある古い看板やガス灯は十九世紀から二十世紀初頭の当時のままだし、ベル・エポックの残香がそのまま残っている。現代建築デザイナーの最先端のフィリップ・スタルクも、レトロな周囲の雰囲気に合わせたのか、貴族の邸宅風のエントランスを現出させている。

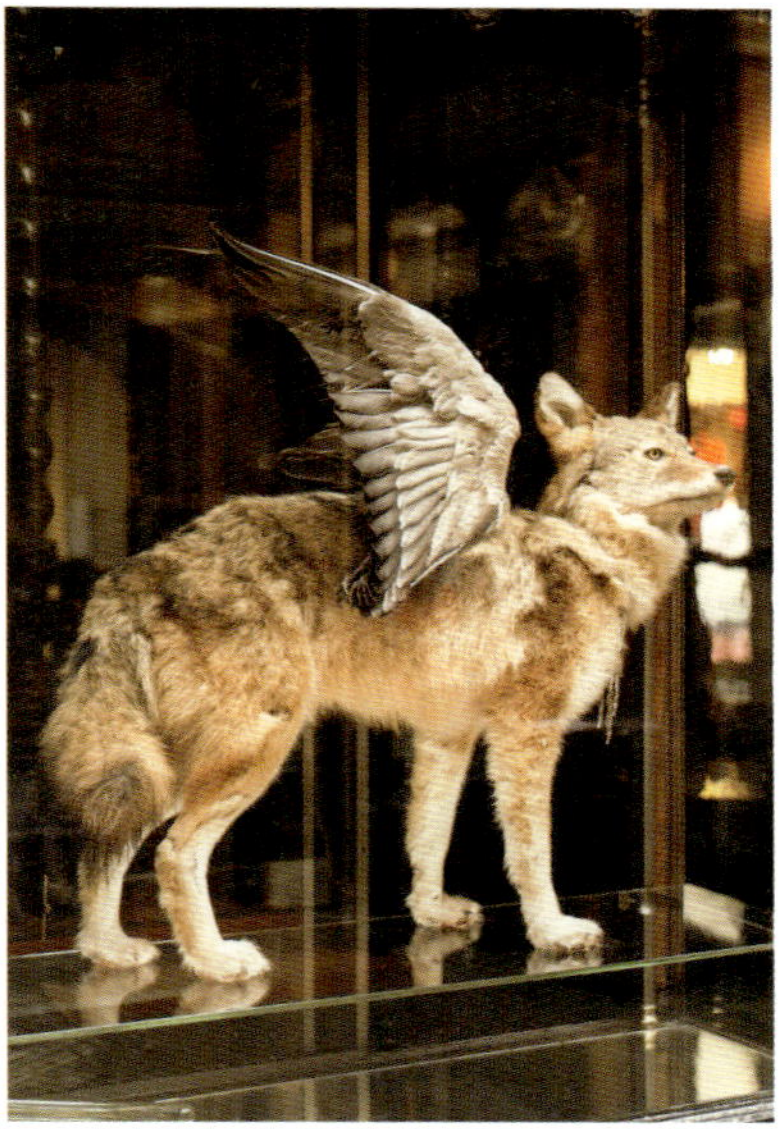

ナポレオン三世の名刺店「ステルン」を、スタルクがリニューアルして、ブラッスリーに。

Restaurant Caffè Stern

地図 A 1-a
47 passage des Panoramas 75002
Tel: 01 75 43 63 10
月 12h-24h、火～土 8h30-24h
料理は 12h30-14h30,19h30-22h30
www.caffestern.fr/

懐かしいものたちとの出会い、マルシェ・オー・ピュス

Marché aux puces

マルグリット・デュラスのパートナーだったヤン・アンドレアのポートレートを撮影するために、ポール・ベールの蚤の市で、アンティック店を経営する顔見知りに、場所を貸してもらったことがある。廃工場の建物の中には、時代の異なるスタイルの家具や色褪せたモノクロームの写真やタペスリーなどが、雑然と置かれていたが、眩しいライティングに照らされたファッション撮影のスタジオよりは、雰囲気が彼に合っていると思ったからだった。

あの日のことを骨董店主のクリスチャン・サペもよく覚えていて、時折ふたりであのひょろりとした長身の、笑うことが好きなのに、どうかするとはっとするくらい陰鬱な目をしていたヤンの話をすることがある。

ファニチャーや、折り畳みになる簡易キッチンなど、珍しいものが溢れているところなので、そうしたデザインものの家具に興味がある人な

Chez sarah

地図N
18 rue Jules-Vallès 93400
Saint-Ouen
Tel: 06 08 01 80 89
土〜月 開店、水〜金予約必要
www.chezsarah.net/

Le Garage
（クリスチャン・サペの店）

地図N
Villa Cendrier
7 rue Alexandre Bachelet
93400 Saint-Ouen
Tel: 01 40 12 27 62

「エル」のインテリア撮影でも、よく使われているクリスチャン・サペのアンティック店。

OLWENFOREST

地図 N
Stand 5 et 7 Allée 3
Marché Serpette
110 rue des Rosiers
93400 Saint-Ouen
Tel: 01 40 11 96 38
www.paulbert-serpette.com/

LE MONDE DU VOYAGE

地図 N
Stand 15 Allée 3 Marché Serpette
110 rue des Rosiers 93400 Saint-Ouen
Tel: 01 40 12 64 03
金 8h30-12h30、土 9h30-18h、
日 10h-18h、月 11h-16h
www.lemondeduvoyage.com/fr/

古着を飾るには、年代もののマネキン人形に。下段はパリ一大きな古本店「ラヴニュー」

Une Affaire de Famille

地図 1-a
59 rue des Rosiers 93400
Saint-Ouen
Tel: 01 49 48 09 69
月～日 8h-17h
www.uneaffairedefamille.
com

untitled clothes

地図 N ／前出p53

ら、クリスチャンの店に立ち寄ってみてはどうだろう。買ったものは日本まで発送してくれるそうだ。

　蚤の市の常連なら、観光客の多いクリニャンクールは通り抜け、その奥のポール・ベールのマルシェにいっている。ヴィンテージのドレスが溢れている「シェ・サラ」やブランド・バッグなどを扱う「ヴォヤージュ」、ビジュー・ファンテジーを集めた「オルウェン・フォレスト」の店、ハイプな仕事着が人気で、ファッション・ピープルが集まっている「アンタイトルド・クローズ」など数限りない。ランチは、感じのいい母娘の「ユヌ・アフェール・ドゥ・ファミーユ」がお勧めだ。

「リブラリー・ド・ラヴニュー」というパリ最大の古本屋もあって、一五万冊もの本が分類されているので、時には思いがけない本と遭遇できるかもしれない。古い植物図鑑や、帽子の本、猫の星占いの本、ダーク・ボガードが、一度も会ったことがない女性〝ミセスX〟に宛てて書いた書簡集『レターズ』も面白かった。

Librairie de l'Avenue

地図 N
31 rue Lécuyer 93400 Saint-Ouen
Tel:01 40 11 95 85
土〜月 9h-19h、火〜金 9h-18h30
www.librairie-avenue.fr/

パリの谷根千、ビュット・オー・カイユ

Butte aux Cailles

フィガロの映画評論をしている女友達と、ビュット・オー・カイユというなだらかな高台になった左岸の南にあるエリアに散歩にいったことがある。以前はビエーヴルという川が流れていて、近くのゴブランで織られる布を洗っていたのだが、その後二十世紀初頭にその川が塞がれてしまい、そこにできた一帯だった。十九世紀半ばまでは、殆ど人家も疎らだったという。

〝五粒のダイアモンド〟という名の、ゆるやかな坂道サンク・ディアマン通りからいくと、その先に伝統フランス料理の店「シェ・フランソワーズ」がみえてくる。その店では本格的なブダンが名物だ。

　東京から客がくると、ビュット・オー・カイユによく案内していた。のどかな田舎町の佇まいだし、昔ながらの不揃いの石畳や、蔦の絡まった小さな平屋、イタリア料理の店「レ・カイユ」のテラスに坐った客た

Les Cailloux

地図 K
58 rue des Cinq Diamants 75013
Tel: 01 45 80 15 08
月〜木 12h-14h30,19h-23h、
金 12h-14h30,19h-23h30、
土 12h30-23h30、日 12h30-22h30
lescailloux.fr

Chez Françoise

地図 K
12 rue de la Butte aux Cailles
75013
12h-14h30,19h30-23h30

ちは、隣のテーブルの人に自分たちのワインをふるまって談笑しているし、奥の厨房からはぐつぐつ煮ているリー・ド・ヴォーのいい匂いが漂ってくる。

「谷根千みたいでしょう？」とよくいっているが、レトロな雰囲気は、東京だったらまさに谷中、根津、千駄木の土地柄に共通するものがある。

若いアーティストたちも住み始めている。だが最近は、人気のエリアになってきたせいか、地価も上がっていて、一平方メートルが九〇〇〇ユーロもするという。昔ながらの風情なのに高級住宅地並みだ。

忘れられていた地区に、若いアーティストたちが住み始め、個性的なエリアに。

ヴァル・ドゥ・マルヌ古代薔薇園

La Roseraie du Val-de-Marne

パリから三四キロ程南下した、ライ・レ・ローズの薔薇園「ヴァル・ドゥ・マルヌ」は、世界最古の薔薇園だといわれている。一七二〇年にアルトワ伯というマリー・アントワネットの義兄によって造られ、ナポレオンに愛されたジョゼフィーヌ皇后の居城だったマルメゾン城の庭園にも、ここの薔薇が植えられているそうだ。だが本格的な薔薇園になったのは、十九世紀末デパートのボン・マルシェの所有者だったジュール・グレヴローの手で、世界の薔薇を集めるようになってからだった（現在はパリ市所有）。当時は八〇〇〇種もあったそうだが、今は三三〇〇種位で、近代薔薇より古代薔薇が多いので、香りのいい薔薇園だといわれている。通常近代薔薇は色は鮮やかでも、香りは希薄なものが多いからだ。『素粒子』の著書で知られるミシェル・ウェルベックは、今の時代は『さかしま』のJ・K・ユイスマンスを読み直すべきだといっているけど、

マリー・アントワネットの義兄が造園した、世界最古の薔薇園では、優雅な時が流れる。園内の一画にカフェもある。

La Roseraie du Val-de-Marne

地図 p181
Rue Albert Watel 94240 L'HAŸ-LES-ROSES
Tel: 01 47 40 04 04
[6月～9月] 10h-20h [10月～5月] 10h-18h
www.roseraieduvaldemarne.fr/roseraie_internet_2010/

ウエルベックが勧めるユイスマンスの『さかしま』を澁澤龍彦訳で読んでからいくと、
デカダンな美意識が一層濃密に感じられる。

近代薔薇は、色が派手なものが多いけど、淡い色の古代薔薇の方が、芳香が強いといわれている。バガテルにも薔薇園があるけど、古代薔薇といったらヴァル・ドゥ・マルヌ。

私をこの薔薇園に導いてくれたのもJ・K・ユイスマンスだった。

初めていった時は、園内で黒い薔薇をみつけて、まさに『さかしま』の主人公で貴族の末裔、フロレッサス・デゼッサントの世界だと驚喜したものだ。だがそれはもしかしたら黒ではなく、濃紺だったのだろうか。その後訪れた時はもうなくなっていて、幻花だったのかもしれない。

もちろん六月の薔薇の真っ盛りもいいが、秋口にいくと、枯れた薔薇の枝を山積みにして焚き火をするので、その優雅な香りがあまりにも甘美で、暫く夢現で見蕩れていたことがある。庭園内にはカフェ・テラスがあり、バロックの薔薇園を眺めながらひと休みできる。

パリの西端には、「バガテル薔薇園」というところもあり、そこはブルジョア階級の家族が、エレガントなお見合いの場所として使っていたところだったという。そこで毎年薔薇の品評会をやっていて、どういう訳か薔薇の花の審査員を頼まれていた私は、毎年各地から送られてくる新種の薔薇を選んでいた。こうして薔薇の種類は、毎年増えている。

LES JARDINS DE
BAGATELLE A PARIS

地図 F 4-c
Route de Sèvres À Neuilly 75016
Tel: 01 53 64 53 80
[10月～2月] 9h30-17h [3月] 9h30-18h30
[4月～9月] 9h30-20h
www.perso-jardins-bagatelle.net/

貴族の城の庭園にサファリパーク

Zoo Thoiry

パリから五〇キロ西方に、ライオン、虎、サイ、河馬が、ルネサンス期の城の庭園に放し飼いになっている動物園があり、車からアフリカの猛獣たちを間近で見学できる。城主が城の維持費のために庭園を売却したのかと思っていたら、一六〇九年からの城主、十三代目パヌーズ伯が現在もその城に住んでいることを知った。

　アフリカからやってきた動物たちは、どうやって寒さに堪えているのだろうか。百獣の王も悠然と城の暮らしを愉しんでいて、サイも少し退屈しているようだが、水面から鼻を出して寛いでいる。気紛れな貴族趣味の発想にみえるが、城主も熱意を注いでいて、八〇〇種類の動物がいる。トワリー城は、ヴェルサイユ宮殿の庭園を造ったル・ノートルの甥、クロード・デゴが造園していて、樹齢一〇〇年以上の古木も多いという。

PARC ZOOLOGIQUE
DE THOIRY

地図 p181
Rue du Pavillon de
Montreuil 78770 Thoiry
tel: 01 34 87 40 67
冬は閉園
www.thoiry.net/fr

ジェルブロワの薔薇祭

Gerberoy Fête des Roses

年中撮影する場所を探していた私にとって、カルティエ＝ブレッソンの親友で、国立写真センターの所長だったロベール・デルピールに教えられた場所は、どこも最高のロケ地だった。とりわけジェルブロワ村は、パリから一時間半位と近場ではないが、田園風景に包まれたその景色は、ロケ地として打ってつけだし、田舎道を散策していると、どこからか薔薇の花の香りが漂ってくる。

　この村には「アンリ・ル・シダネル」という印象派の画家の家があり、白い花が好きだった画家の庭に咲いていたのは白い花ばかりだった。

　最近は観光客が多くなり、結婚式にくる人もいるし、村に数少ないレストラン「ヴュー・ロジ」も賑わっているようだが、フランスでもっとも美しい村に指定されているので、それも仕方がないのかもしれない。毎年六月の第三日曜には薔薇祭りが行われている。

Hostellerie du Vieux Logis

地図 Q
25 rue du Logis-du-Roy 60380 Gerberoy
Tel: 03 44 82 71 66
月・火・木〜土 12h-14h, 19h30-21h、
日 12h-18h
www.hostellerieduvieuxlogis.com

Les Jardins Henri Le Sidaner

地図 Q
7 rue Henri le Sidaner 60380 Gerberoy
Tel: 06 50 99 30 01
月・水〜日 11h-18h
www.lesjardinshenrilesidaner.com

デュラスが愛した海辺の町、トゥルーヴィル

Trouville-sur-Mer

数年前にいったホテルの同じ部屋に泊まり、見慣れた窓の景色や、海岸に面したビストロを見出して懐かしい気持になるのは、嫌いではない。ノルマンディーの海辺の町トゥルーヴィルは、そうした旅に誘ってくれる。その港町と隣接したドーヴィルは、ココ・シャネルが初めて店を開いたところだし、映画『男と女』のロケ地としても一躍有名になったが、隣のトゥルーヴィルは同じ避暑地でも、一部漁港なので、これまでは静かにまどろんだような町だった。

私が雑誌の特派員としてパリに住むことが決まった時、丁度東京でアンリ・トロワイヤの『チェーホフ伝』を翻訳していて、その仕事を持ったままパリにきてしまったので、それを仕上げるために夏休みを利用して、トゥルーヴィルの海岸に面した「ホテル・フロベール」に逗留した。

Hôtel Flaubert

地図 P
Rue Gustave Flaubert 14360
Trouville-sur-Mer
Tel: 02 31 88 37 23
www.flaubert.fr/

どうしてその町を選んだのかというと、『モデラート・カンタービレ』や『ロル・V・シュタインの歓喜』で当時夢中になっていたマルグリット・デュラスの別荘のある町だったからだ。それだけでなく十九世紀にはプルーストも家族で逗留していたというし、そうした文学的土壌に魅かれたからだった。

　デュラスが住んでいた別荘ロシュ・ノワール（私は日本語で「黒岩荘」と呼んでいる）は、私がいたホテルの数軒先だったので、海岸の方からその白い館の前まで散歩にいっても、どうにも恐れ多く、デュラスがいるかもしれない窓を見上げられなかった。俯いたまま通り過ぎ、現在「エスカリエ・マルグリット・デュラス」というデュラスの名のついた階段から、一回りして戻ってきたものだ。重症のアル中で入退院を繰り返していた当時のデュラスと、彼女より三八歳下のカーン大学生だった愛人ヤンとのドラマティックなカップルには、小さな町だとはいえ、残念ながら偶然出くわすこともなかった。デュラスの死後知り合ったヤン・ア

Escaliers
Marguerite Duras

地図 P
14360 Trouville-sur-Mer

海へ向かう階段は、「エスカリエ・マルグリット・デュラス」と名付けられた。左手の建物にデュラスとヤンが住んでいた。

トゥルーヴィルの魚市場前にある「ル・サントラル」のデュラスとヤンの席。毎日夕食にきていた。

BRASSERIE Le Central

地図 P
5-7 rue des bains 14360
Trouville-sur-Mer
Tel: 02 31 88 13 68
www.le-central-trouville.com/

ンドレアによると、ふたりは魚市場の前にある「ブラッスリー・ル・サントラル」で毎日夕食をして、店の奥の、鏡に囲まれた赤い背の長椅子が、ふたりの指定席になっていたという。

「Dは、小さな海老のグリルが好きだった」とヤンはいっていたが、ワインのつまみに、デュラスは毎回執拗なまでに小さな海老をオーダーしていたという。日中のデュラスは原稿を書いていて、夜になるとヤンの運転する車で、「ル・サントラル」に繰り出していたそうだ。最近「ル・サントラル」のオーナーにきいた話だが、食事中突然ふたりが喧嘩を始めると、ヤンは怒って車で先に帰ってしまうので、オーナーがデュラスを「黒岩荘」まで送り届けていたと話していた。今は「ル・サントラル」の二階はホテルになっている。

「ル・サントラル」の前の魚市場には、十九世紀から代々魚屋をしている「ピレ・セテール」があって、その朝漁船がもち帰った鮮魚のカルパッチョや生牡蠣のプラトーを、店の前の屋台風のテーブルで食べることが

Pillet-Saiter

地図 P
Boulevard Fernand Moureaux
14360 Trouville-sur-Mer
Tel: 02 31 88 02 10
月〜日 8h-20h
www.poissonnerie-pilletsaiter.fr

できる。

　そうしたのどかな漁港も、ここ数年脚光を浴びるようになり、今ではファッション誌の編集者やスタイリスト、モード写真家たちのもっともハイプな避暑地になっている。女流写真家のドミニック・イセルマンは、デュラスが住んでいた「黒岩荘」を別荘兼スタジオにしているし、もうひとりの写真家ベッティーナ・ランスは、丘の上にエレガントな館を所有していて、モード誌「ヌメロ」の編集長もこの避暑地に大分前から住んでいる。「ル・サントラル」の隣の「レ・ヴァプール」というムール貝のマリネで有名な店には、ドーヴィルの国際アメリカ映画フェスティバルにくるハリウッド系のセレブたち、スタローンやＦ・Ｆ・コッポラ、ナタリー・ポートマンなども出入りしているという。

　最近は「ホテル・フロベール」にもいかなくなり、家族代々の瀟洒《しょうしゃ》な別荘をもつ女友達マルティーヌ・ドゥ・マントンの伯爵家のヴィラに泊めてもらっているが、窓の向こうに白い波頭がゆるやかに打ち寄せてく

Les vapeurs
地図 P
160 Quai Fernand Moureaux
14360 Trouville-sur-Mer
Tel: 02 31 88 15 24
9h ～ 24h
www.lesvapeurs.fr/

代々漁師をしている「ピレ・セテール」の店先で、その朝とってきたばかりの海の幸を。

る彼女のヴィラには、ゴダールや、不動産を探しにきたデュラスも、逗留したことがあるそうだ。ともかくパリのモード界だけでなく、文化人にも絶大な人気の避暑地なのだ。

　小さな町なので、隣のドゥーヴィルにいき、カジノでルーレットの体験をすることもできるし、有名ブランドが出店しているのでショッピングにも最適。一泊旅行には、もってこいの場所といえる。

セレブな
パリジェンヌ・パリジャンのおすすめ
——ひみつのアドレス

Question
① あなたのお気に入りのカフェは？
② お気に入りのレストランは？
③ お気に入りのホテルは？
④ 日本からくる旅行者に勧めたいのは？

ジェーン・バーキン
Jane Birkin（女優、歌手）

①「カフェ・トゥルノン」。カフェとしてだけでなく、家庭料理だけど、美味しい食事もできるところがいい。②イタリアンなら、コンデ通りのアルバノの店「マルコポーロ」がお勧め。美味しいだけでなく、雰囲気があたたかい。日本料理ならお蕎麦なら「円」へいく。または小さな和菓子屋「和楽」。ランチもできる。③ホテルはとても小さなところだけど、「エスメラルダ」が好き。ノートルダム寺院と、サン・ジュリアン・ル・ポーヴル教会の近くにあるホテルで、ここは亡くなった娘ケイトとの想い出があるから。ホテルの隣には「テ・カディ」というサロン・ド・テがあって、静かないい店。数軒先には「シェークスピア＆カンパニー」書店もあるし、目前にセーヌが流れている。パリを満喫できるのでは？④その他？セーヌ通り九三にある「モアザン」という美容院も勧めたい。「W・H・スミス」の二階の英国エピスリィも、私はよく立ち寄るの。紅茶やジャムを買いに。

カロリーヌ・ドゥ・メグレ
Caroline de Maigret
（スーパーモデル、「シャネル」アンバサダー、
世界的ベストセラー『パリジェンヌのつくりかた』共同著者）

①九区にある「ル・マンサール」というカフェ。自宅に近いところなの。カフェに流れている曲が、とてもクールでロックだから。パリにはあまりこうしたカフェはない。②十六区にある「ラカジュー」という店。シェフのジャン・ランベールは友達なの。私はガストロノミックな美味しいお料理が好きだけど、堅苦しい雰囲気ではなく、寛いだ感じのところでいただきたい。こうした調和の取れた店は、意外に少ない。③十八区にある「ホテル・パルティキュリエ・モンマルトル」が大好き。スイートの部屋が幾つかあるだけだけど、庭があって、バーではお洒落なカクテルを作ってくれるの。私のお気に入りの部屋は、エントランスのすぐ上にある二階の部屋だわ。素晴らしい場所なの。④十八区にある「B・A・L」というイメージやドキュメンタリーのギャラリーで、ひとつの方向性を持って、信念が感じられるから。これまで一度も見逃したことがないくらい、いつも素晴らしい展覧会ばかり開催している。

Jacques Moisant

地図 C 1-a
93 rue de Seine 75006
Tel: 01 46 33 51 21
火〜木・土 10h30-18h15、
金 10h30-19h15
www.jacquesmoisant.com

WHSmith

地図 B 5-c
248 rue de Rivoli 75001
Tel: 01 44 77 88 99
月〜土 9h30-19h30、
日 12h30-18h30
https://whsmith.fr/

カロリーヌ・ドゥ・メグレのおすすめ

Le Mansart

地図 H
1 rue Mansart 75009
Tel: 01 56 92 05 99
月〜日 9h-2h

L'Acajou

地図 F 6-c
35 bis rue Jean de la Fontaine 75016
Tel: 01 42 88 04 47
月〜金 12h-14h30, 19h-22h30、
土 19h-22h30
www.l-acajou.com/

Hôtel Particulier Montmartre

地図 H ／前出 p65

LE BAL

地図 H
6 impasse de la Défense 75018
Tel: 01 44 70 75 50
水 12h-21h、木 12h-22h、
金 12h-20h、土 11h-20h、
日 11h-19h
www.le-bal.fr

ジェーン・バーキンのおすすめ

Cafe Tournon

地図 C 1-a
18 rue Tournon 75006
Tel: 01 43 26 16 16
月〜土 7h30-24h
www.cafetournon.com

Marco Poro

地図 C 1-a ／前出 p85

円 Yen

地図 B 6-d ／前出 p87

和楽 Waraku

地図 B 4-d ／前出 p73
2016 年 10 月より朋 TOMO に店名変更

Hôtel Esméralda

地図 C 1-b
4 rue Saint-Julien le pauvre 75005
Tel: 01 43 54 19 20
www.hotel-esmeralda.fr

The Tea Caddy

地図 C 1-b
14 rue Saint-Julien le Pauvre 75005
Tel: 01 43 54 15 56
月〜日 11h-19h
www.the-tea-caddy.com

SHAKESPEARE AND COMPANY

地図 C 1-b
37 rue de la Bûcherie 75005
Tel: 01 43 25 40 93
月〜日 10h-23h、［古書］火〜土 11h-19h
https://shakespeareandcompany.com

パスカル・グレゴリー
Pascal Greggory（男優）

①サンシュルピス広場の「カフェ・ドゥ・ラ・メリ」②モンタボール通３２にあるレストラン「ファルディ」パリで一番美味しいホットドッグがある。③ホテル「ラベィ・サンジェルマン」ジャーナリストとのインタビューのときはいつもこのホテルのバーにしている。④リヴォリ通りの「ガリニャーニ書店」。

カリーヌ・ロワトフェルド
Carine Roitfeld
（仏版「ヴォーグ」代表、高級モード誌「CR」発行人兼編集長）

①モンテーニュ街のカフェ「ラントラクト」。②食事も「ラントラクト」でする。仕事場のすぐ近くだから。前に劇場があるので、色々な人が出入りして、賑やかだし、いい雰囲気のところなの。③「ホテル・ブリストル」ゆったりして、落ち着ける場所だから。④回答なし。

アンドレ・サライヴァ
André Saraiva
（アーティスト、トレンド・セッター、ホテルやカフェのプロデュース）

①「カフェ・キツネ」でコーヒーをテイクアウトして、パレ・ロワイヤルの庭園を散歩するのが好きだな。とくに春先は、木立の中のベンチで心地いい。②ロマンティックな夕食をしたい時は「シビウス」にいく。小さな店で、暖かい雰囲気の美味しいイタリアン料理の店だから。③ホテルは「プティ・タムール」か、または最近できた「グラン・タムール」。なにしろ僕はパリに滞在している時は、このどちらかに泊まっているので、僕の自宅になっている。④サンジェルマン・デ・プレ界隈を散策することを勧めたい。時々カフェ「フロール」や「ラ・パレット」で一休みして、赤ワインを一杯飲みながら、また小さな路地をのんびりと歩いて、自分だけの店をみつけてほしい。

ルシアン・パジェス
Lecien Pagès（「ルシアン・パジェス」代表、「ホリディ」）

①「パンソン」オーガニックなカフェ。②ビストロ「ブノワ」。③「ル・パヴィヨン・ドゥ・ラ・レーヌ」。④ホテル「マンダリン・オリエンタル」のスパは最高。写真集やモード誌のバックナンバーがみつかる本屋「コントワール・ドゥ・リマージュ」も。

Grand Amour Hôtel
地図 G 1-a ／前出 p67

Café de Flore
地図 B 6-d ／前出 p69

La Pallete
地図 B 6-d
43 rue de Seine 75006
Tel: 01 43 26 68 15
月～日 8h-26h
www.cafelapaletteparis.com

ルシアン・パジェスのおすすめ

Café Pinson
地図 G 2-a
6 rue du Forez 75003
Tel: 09 83 82 53 53
月～金 9h-22h、土 10h-22h、日 10h-18h
www.cafepinson.fr/home/

BENOIT
地図 A 3-b
20 rue Saint-Martin 75004
Tel: 01 58 00 22 05
月～木 12h-14h,19h30-22h、
金～日 12h-14h,19h-22h
www.benoit-paris.com

Le Pavillon de la Reine
地図 G 2-a
28 place des Vosges 75003
Tel: 01 40 29 19 19
www.pavillon-de-la-reine.com/

MANDARIN ORIENTAL PARIS
地図 B 4-c
251 rue Saint-Honoré 75001
Tel: 01 70 98 78 88
www.mandarinoriental.co.jp/paris/

Comptoir de l'Image
地図 G 2-a ／前出 p117

パスカル・グレゴリーのおすすめ

Café de la Mairie
地図 C 1-a ／前出 p69

Ferdi
地図 B 4-c
32 rue du Mont Thabor 75001
Tel: 06 51 70 29 70
月～金・日 18h30-23h30、
土 13h30-16h30,19h30-23h30
www.ferdi-restaurant.com

Hôtel de l'Abbaye
地図 D 4-d ／前出 p65

Galignani
地図 B 5-c ／前出 p135

カリーヌ・ロワトフェルドのおすすめ

Le Bar de l'Entracte
地図 E 2-a
6 avenue Montaigne 75008
Tel: 01 80 97 40 00
月～日 7h-23h
http://montaigne-hotel.com/le-bar

Le Bristol Paris
地図 E 2-b ／前出 p43

アンドレ・サライヴァのおすすめ

Café Kitsuné Paris at Palais Royal
地図 B 5-d ／前出 p40

Cibus
地図 B 5-d ／前出 p85

Hôtel Amour
地図 H
8 rue de Navarin 75009
Tel: 01 48 78 31 80
www.hotelamourparis.fr/hotel-amour

フランク・デュラン
Franck Durand

（「ホリディ」代表、デザイン事務所「フランク・デュラン」）

①カフェ「ホリディ」。②「シビウス」「ジョルジュ」「シェ・フランソワーズ」「マリウス・エ・ジャネット」「ショーメット」「ル・デュック」「シェ・ジェジェーヌ」「ハーリーズ・バー」「ル・ヴォルテール」。③「ブリストル」。クラシック・スタイルの究極。日本ではホテル・オークラ。④回答なし

マルティーヌ・ドゥ・マントン
Martine de Menthon

（仏版「ヴォーグ」元編集者、現在セレブ・スタイリスト）

①カフェ「フロール」は自宅近所だし、知っている人たちとも自然に出会う。待ち合わせの場所として、始終出入りしている。
②ジャン＝フランソワ・ピエージュのレストラン「クロヴェール」または一区のアジア料理の店「ヤムシャ」（飲茶）が好き。いつもお茶のいい香りがしていて、繊細な雰囲気の場所だから。「クロヴェール」は注目のシェフが創作した、新しい味に出会いたいから。ガラス張りのインテリアも明るくて、モダン。③ホテル「サン」というところで、プレ・オー・クレール通りに最近新しくできたところ。壁に蔦が絡んでいて、ロマネスクなホテルよ。ちょっと秘密の隠れ家っぽい印象。でもオルセー美術館も近いし、歩いて色々なところにいけて、便利だと思う。④プティ・ペール広場の界隈をお勧めしたい。広場には昔ながらのカフェ「ル・ムーラン・ド・ラ・ヴィエルジュ」があって、その先にフランス伝統料理のレストラン「サチュルヌ」もあるから。そのすぐ近くにある素敵なヘア・サロン「ダヴィッド・マレ」に立ち寄ってみたら？

マリ・ドゥ・マントン
Mari de Menthon

（「ルイ・ヴィトン・マガジン」などを手掛ける若い編集者、
マルティーヌ・ド・マントンの娘）

①ブュシ通りに面したカフェ「オー・シャイエ・ド・ラベイ」は、とても気持のいい場所。サンジェルマン地区の典型的なカフェ。テラス席も居心地がよく、春は外でタルティーヌを食べたりするの。②十区にあるレストラン「52 フォブール・サン・デニス」料理がとても美味しく、ランチにもディナーにもいくの。インテリアがすっきりして、ピュアで趣味がいい。③選ぶのは難しいけど、ホテル「サン・シモン」は、いついっても変わらず、エレガントなホテルだと思う。④そうね。その他勧めたいのは、マレにある「ラ・プティット・ターブル」というお店でブランチがとても美味しいし、インテリアも趣味のいい店だから。夕方何人もの友達たちと軽く飲みにいくとしたら、十一区の「オー・ドゥ・ザミ」を勧めたい。パリで飛び切り美味しいタパスが食べられるところなのよ。

yam'Tcha
地図 A 2-a
121 rue Saint-Honoré 75001
Tel: 01 40 26 08 07
火 20h-21h30、水～土 12h-13h30,20h-21h30

LE SAINT
地図 B 6-c
3 rue du Pré aux Clercs 75007
Tel: 01 42 61 01 51

Le Moulin de la Vierge
地図 A 2-a
152 rue Montmartre 75002
Tel: 01 40 52 55 55　9h30-18h（祝日を除く）

Saturne
地図 A 1-a
17 rue Notre-Dame des Victoires 75002
Tel: 01 42 60 31 90
月～金 12h-14h30, 20h-22h30

DAVID MALLETT
地図 A 2-a／前出 p44

マリ・ドゥ・マントンのおすすめ

Au Chai de l'Abbaye
地図 B 6-d
26 rue du Buci 75006
Tel: 01 43 26 68 26
月～土 8h-23h30、日 11h-23h

52 Faubourg Saint Denis
地図 A 1-b
52 rue du Faubourg Saint-Denis 75010
月～金 8h-24h、土～日 9h-24h

Hôtel Duc de Saint-Simon
地図 B 6-c
14 rue de Saint-Simon 75007
Tel: 01 44 39 20 20

La Petite Table
地図 G 2-a
27 rue de Saintonge 75003
Tel: 01 74 64 00 36
火～金 12h-15h, 19h-23h、
土 9h-23h、日 9h-17h

Aux Deux Amis
地図 G 2-b
45 rue Oberkampf 75011
Tel: 01 58 30 38 13
火～金 9h30-26h、土 12h-26h

フランク・デュランのおすすめ

Café Holiday
地図 J／前出 p70

Cibus
地図 B 5-d／前出 p85

Chez Georges
地図 A 2-a／前出 p82

Chez Françoise
地図 E 2-b
Aérogare des Invalides 75007
Tel: 01 47 05 49 03　月～日 12h-15h, 19h-24h

Marius et Janette
地図 E 2-a／前出 p81

Chaumette
地図 F 6-c
7 rue Gros 75016　Tel: 01 42 88 29 27
月～木 12h-14h30, 20h-22h30、
金 12h-14h30, 20h-23h、土 20h-23h

LE DUC
地図 D 6-d
243 bd Raspail 75014　Tel: 01 43 20 96 30
火～金 12h-14h,20h-22h30、土 20h-22h30

Chez Gégène
地図 M
162 bis allée des guinguettes, quai de polangis 94340 Joinville-le-pont
Tel: 01 48 83 29 43
水～土 12h-22h、日 12h-21h30

Harry's New York Bar
地図 B 4-d
5 rue Daunou 75002　Tel: 01 42 61 71 14
日～木 12h-26h、金・土 12h-27h

Le Voltaire
地図 B 5-c／前出 p83

Le Bristol Paris
地図 E 2-b／前出 p43

マルティーヌ・ドゥ・マントンのおすすめ

Café de Flore
地図 B 6-d／前出 p69

Clover
地図 B 6-c／前出 p79

パリと、パリからの小さな旅

Carte de Paris

パリ市内には、地下鉄（メトロ）と路線バス、市内と郊外をつなぐ RER、路面電車（トラム）があります。切符は、メトロ、バス、トラムが共通で 1 枚 1.9 ユーロ（2016 年 8 月現在）。10 枚綴りの回数券（カルネ）を買うと便利です。SNCF とは、フランスの国鉄のこと。ヨーロッパの主要な国際路線にも連絡しています。

トゥルーヴィル

Saint Lazare 駅から SNCF に乗り、Trouville Deauville 駅まで約 2 時間。

シャルル・ド・ゴール空港

パリ市内まで、エールフランスバスに乗ると、凱旋門広場行きとモンパルナス行きがあり、それぞれ約 1 時間。RER B 線の急行に乗ると、Paris Nord 駅まで約 30 分。タクシーでは、交通状況によりますが、約 1 時間かかります。

トワリー

パリ中心地から、車で約 1 時間。ツアーもあります。

ヴェルサイユ

RER C 線に乗り、Versailles Rive Gauche 駅で下車。または、Saint Lazare 駅から SNCF に乗り、Versailles Rive Droite 駅で下車。いずれも終点、約 40 分です。

ジェルブロワ

Paris Nord 駅から SNCF に乗り、Beauvais 駅で乗り換え、Marseille en Beauvaisis 駅まで約 2 時間。更にジェルブロワまで 9km あるので、タクシーの手配が必要。ツアーもあります。

ライ・レ・ローズ

RER B 線に乗り、Bourg-la-Reine 駅まで 20 〜 30 分。更にバス 172 番または 192 番に乗り、Sous-préfecture Eglise de L'Haÿ-les-Roses で下車。

A レアール、シテ島周辺

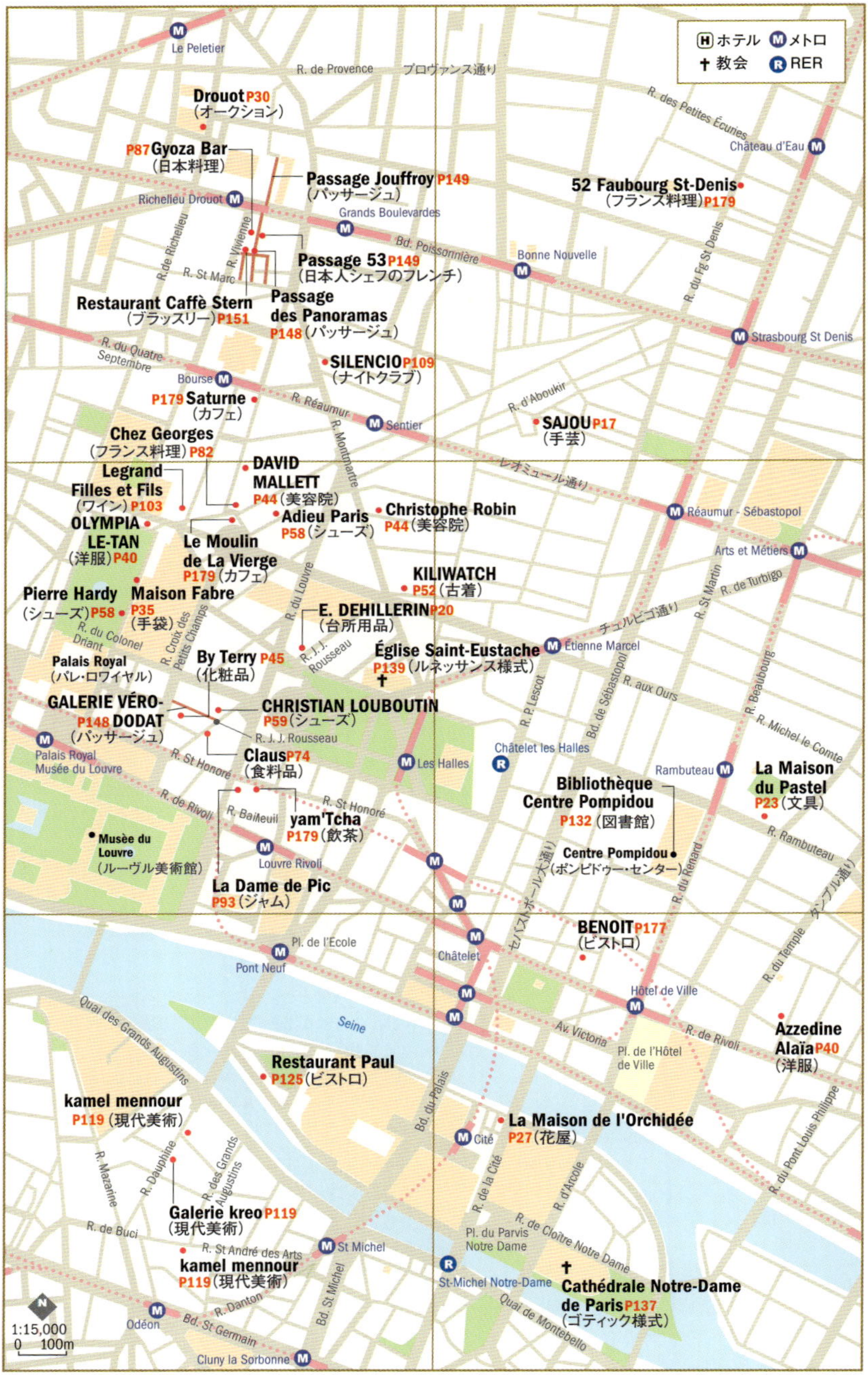

1
2
3

a b

B オペラ、サンジェルマン・デプレ周辺

C カルティエラタン周辺

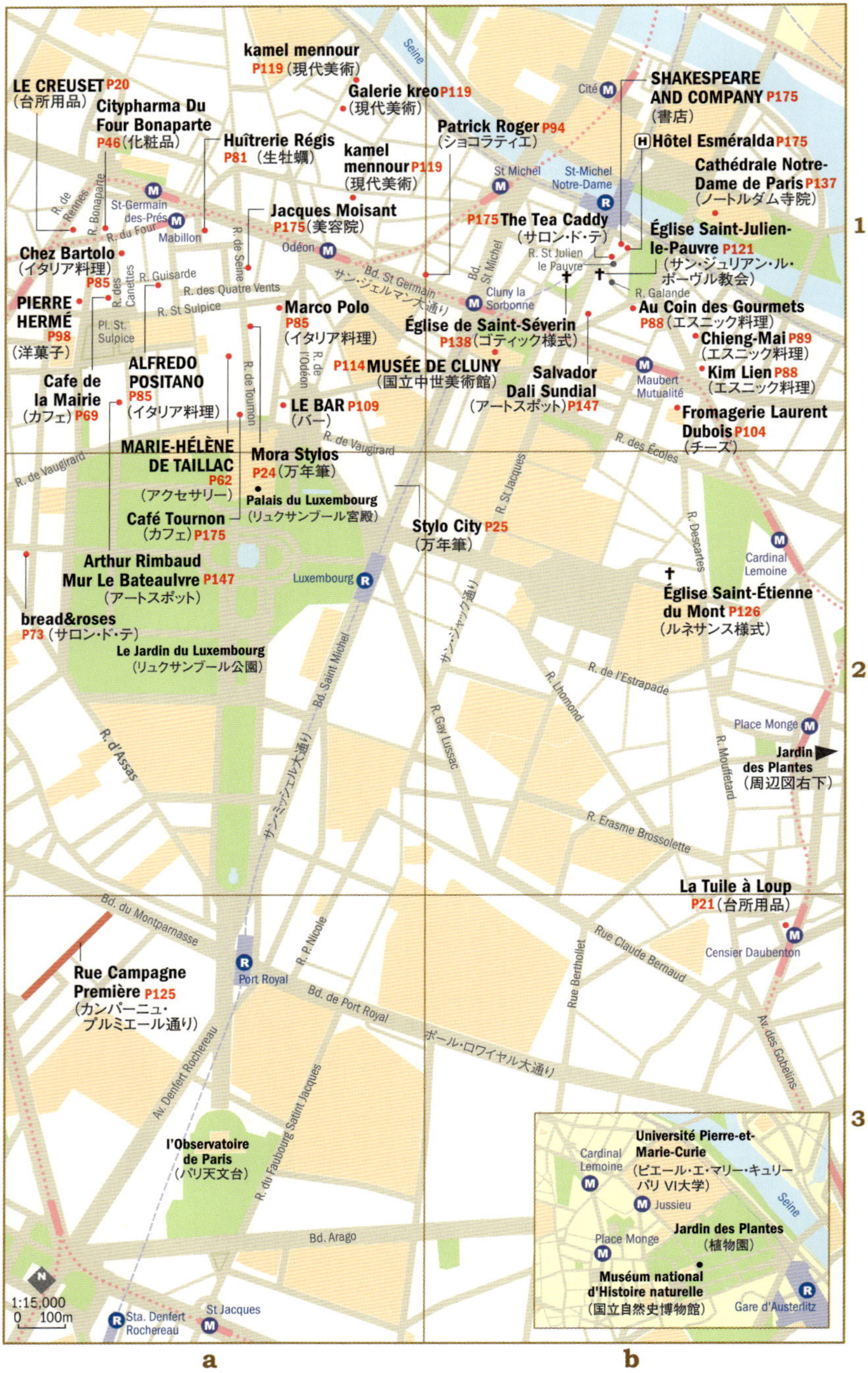

D モンパルナス、セーブル・バビロン周辺

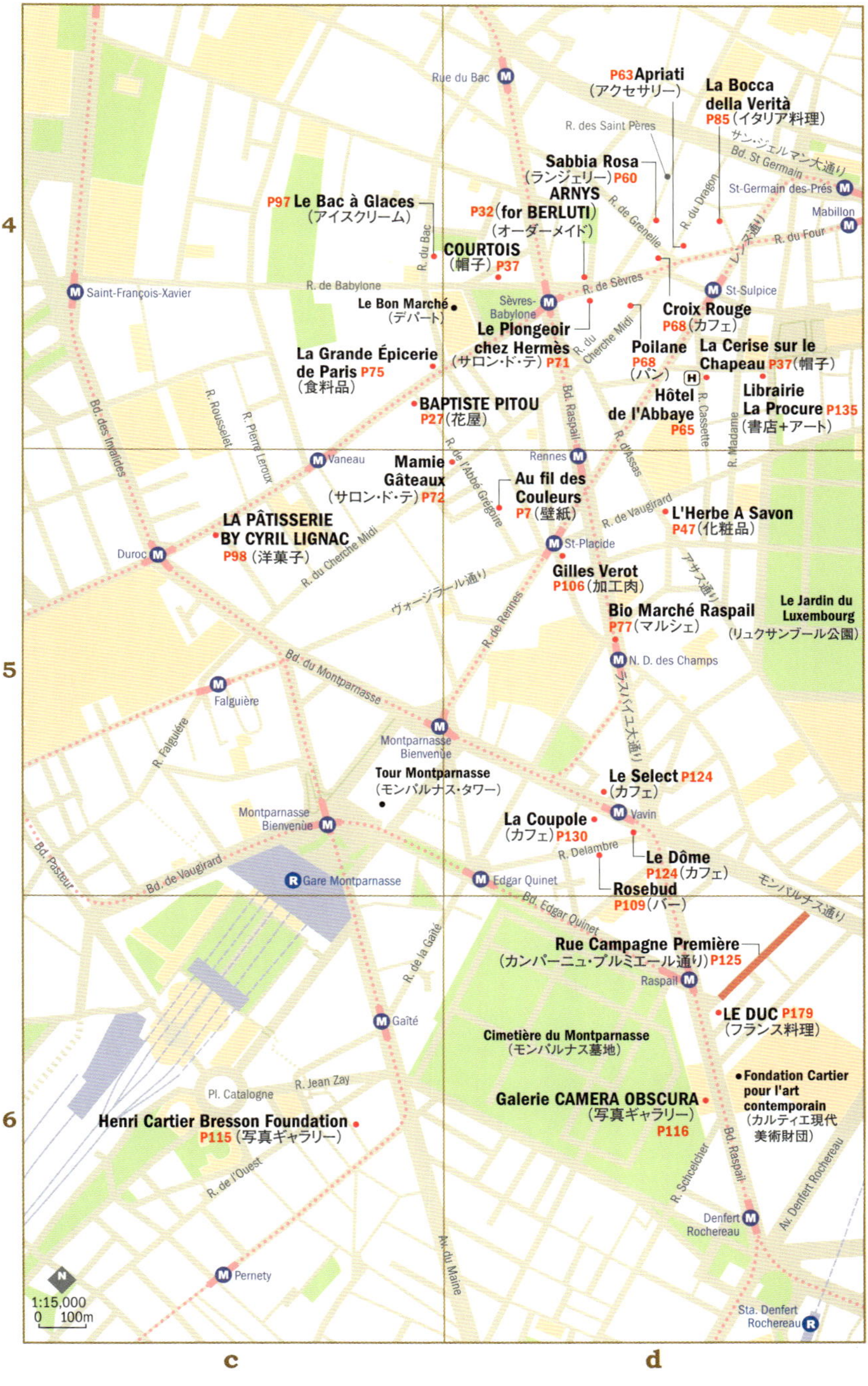

E シャンゼリゼ通り、アンヴァリッド周辺

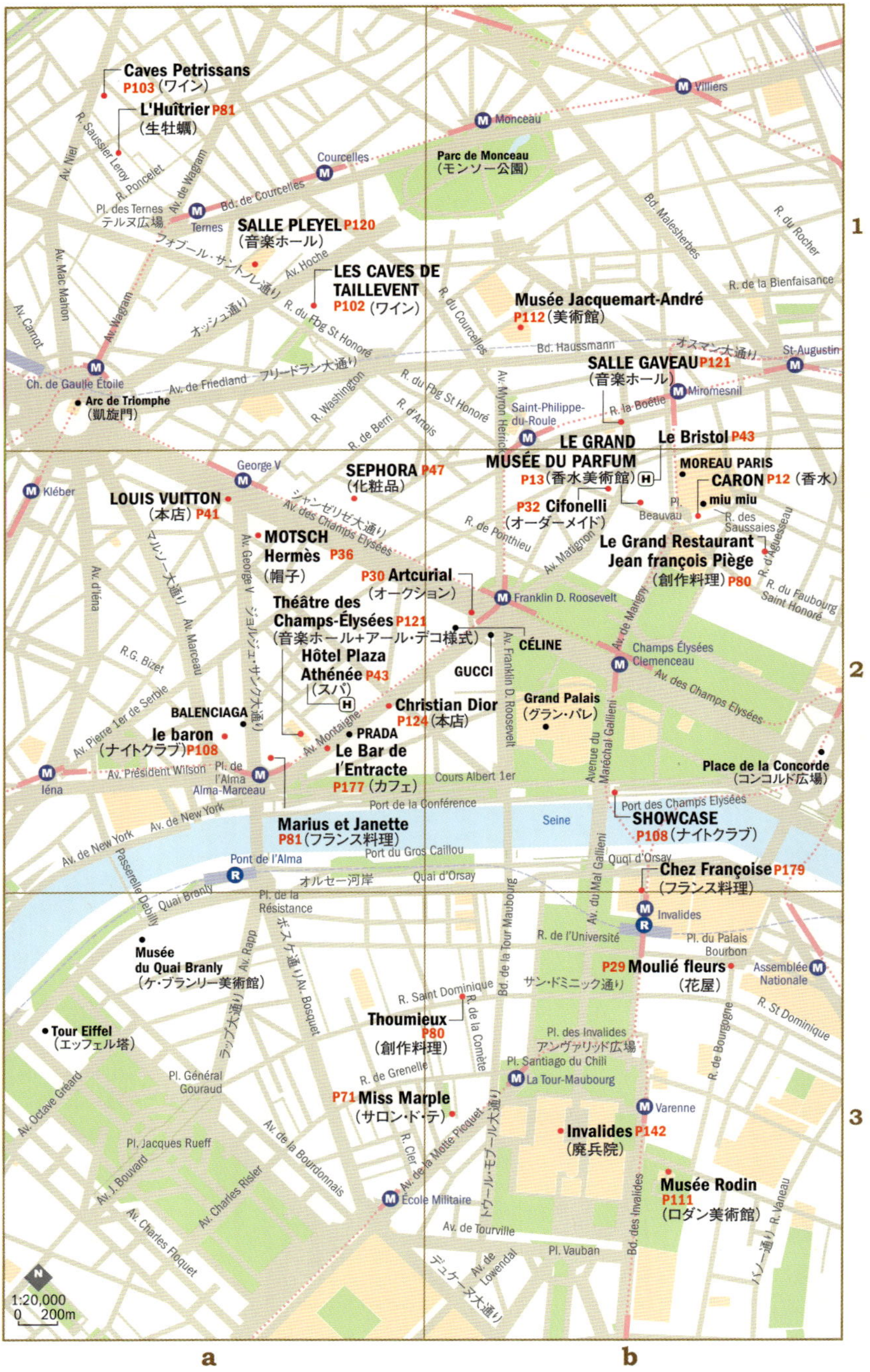

F 凱旋門、エッフェル塔、ポルト・ドフィーヌ周辺

G マレ地区、サンマルタン運河周辺

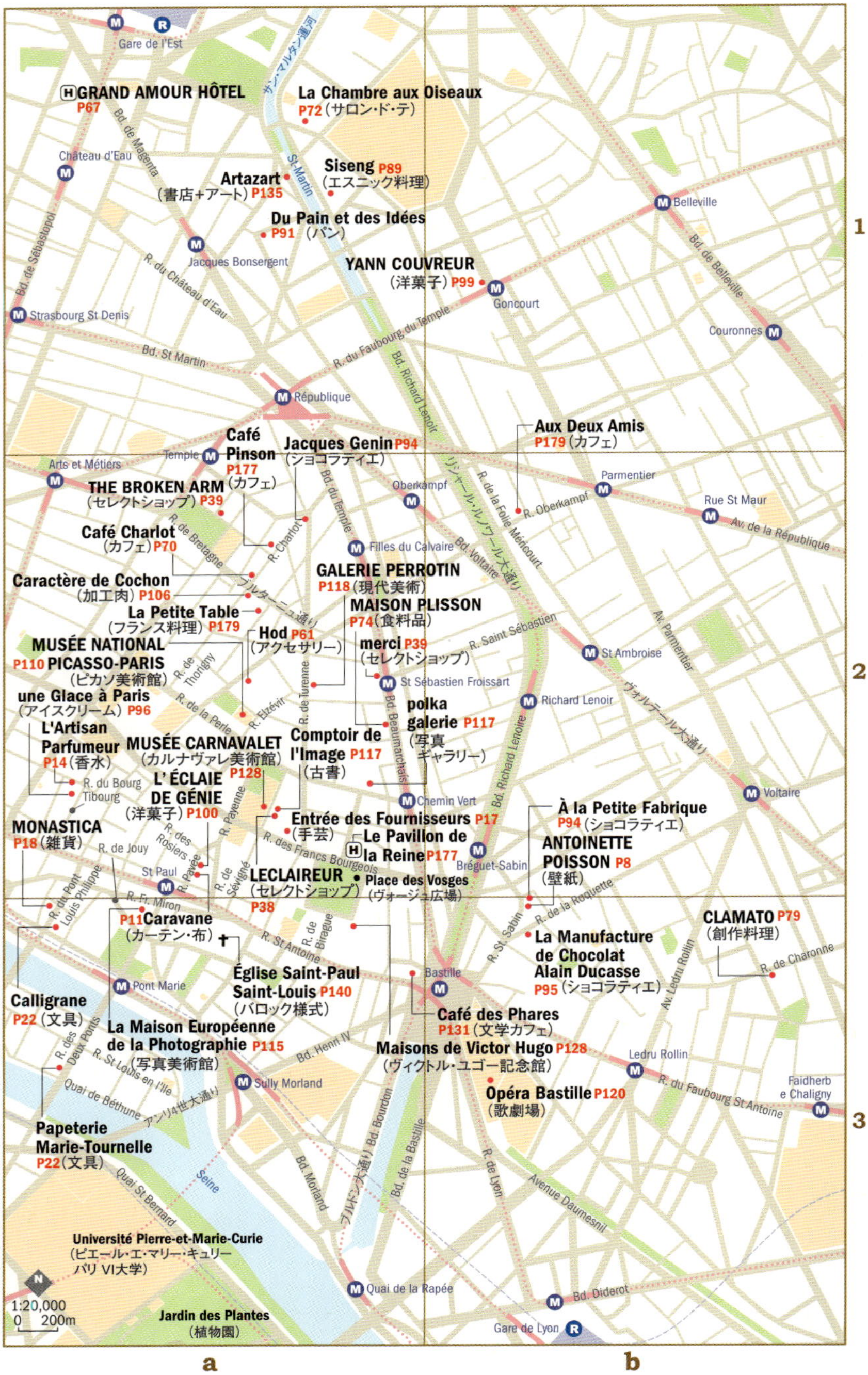

H サクレクール周辺

そのほかのエリア

K

J

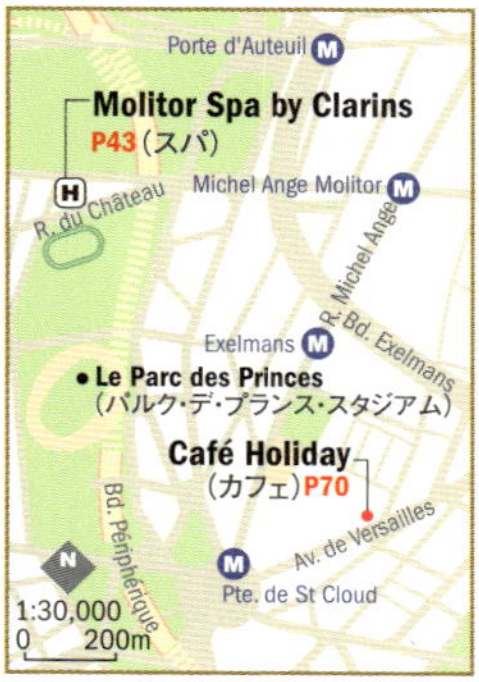

I

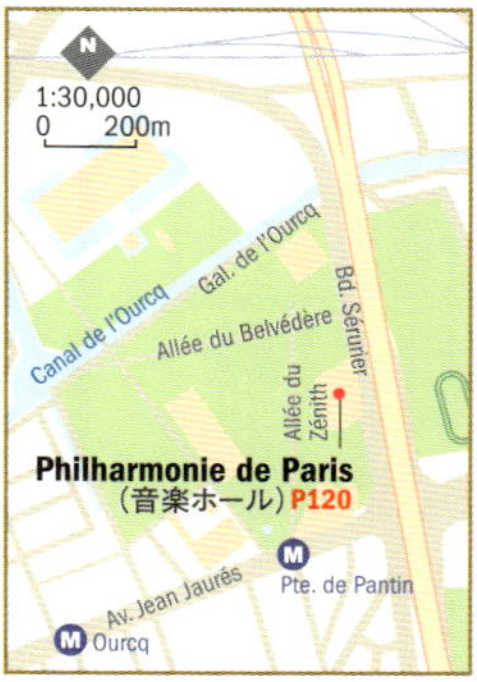

M

L

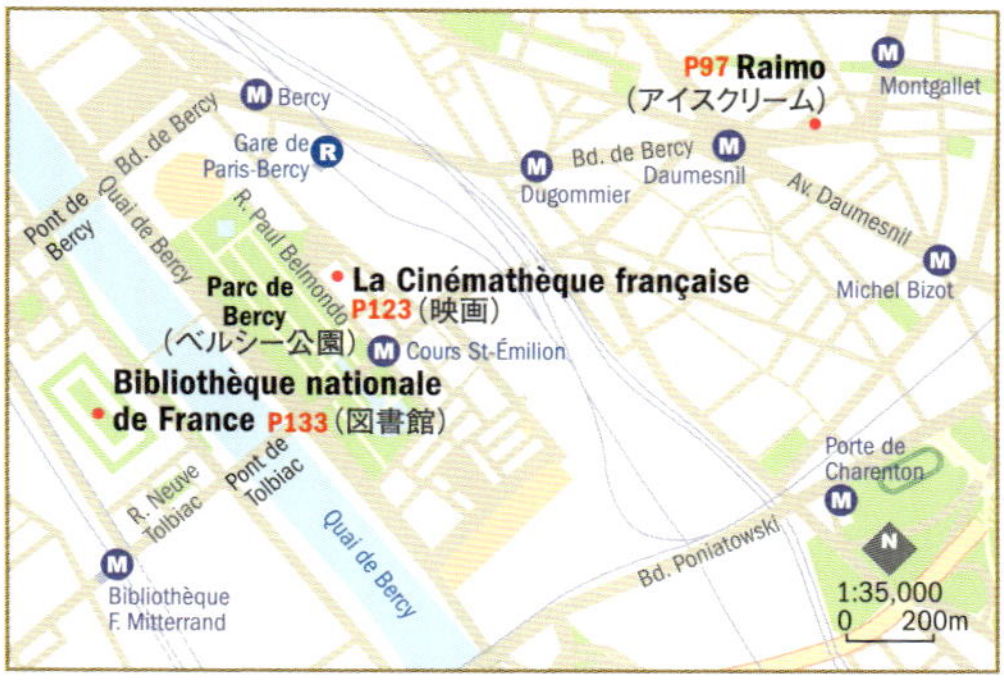

O ヴェルサイユ

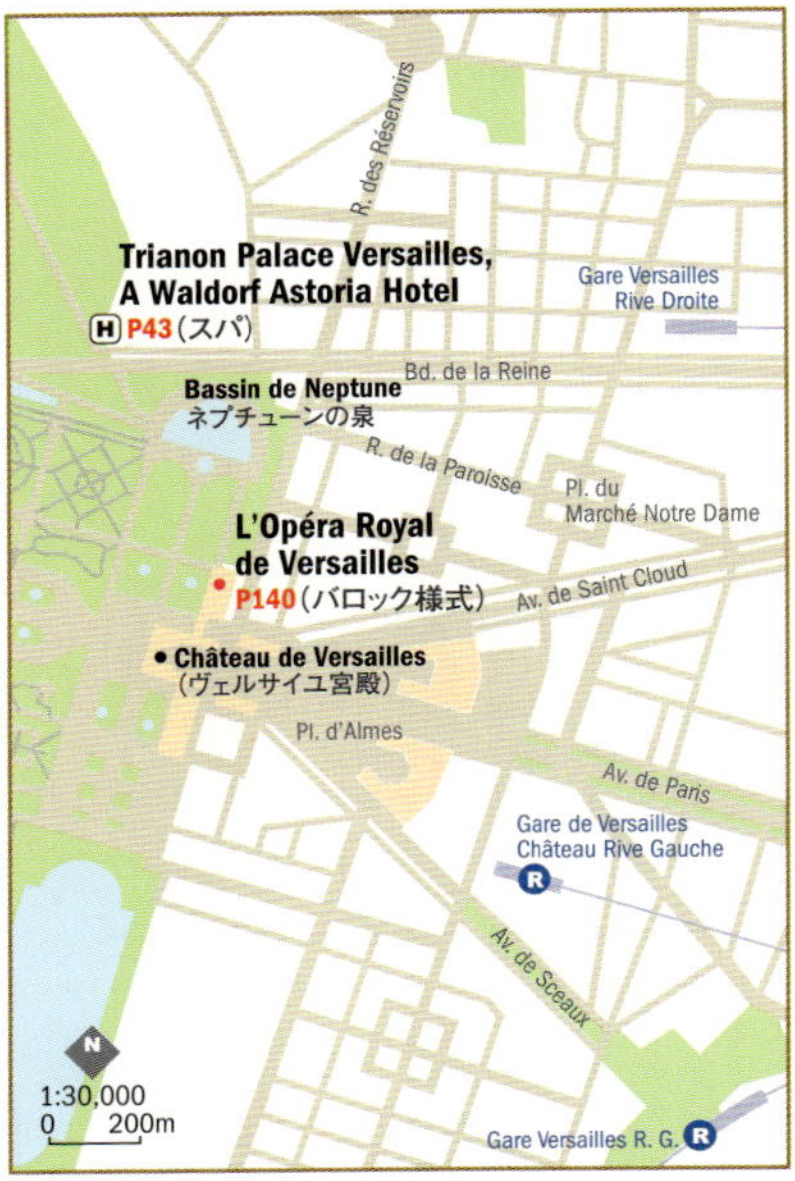

N クリニャンクール周辺

Q ジェルブロワ

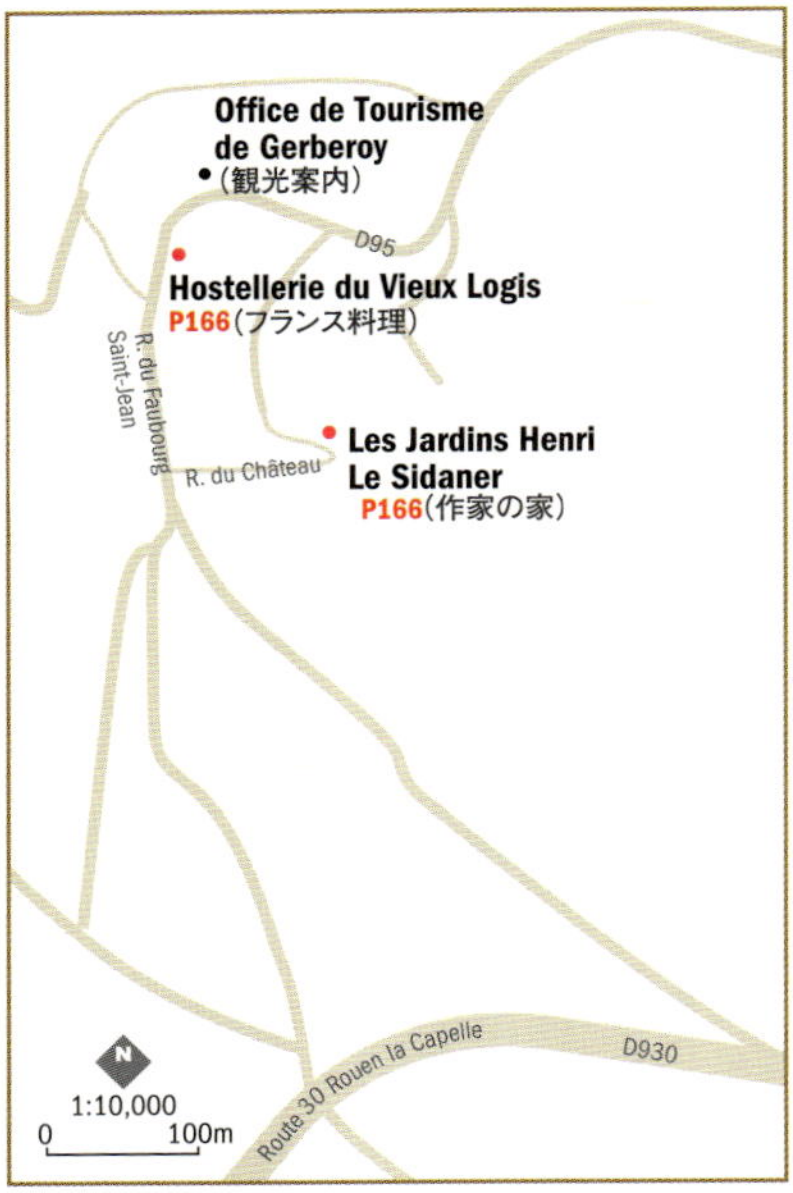

P トゥルーヴィル

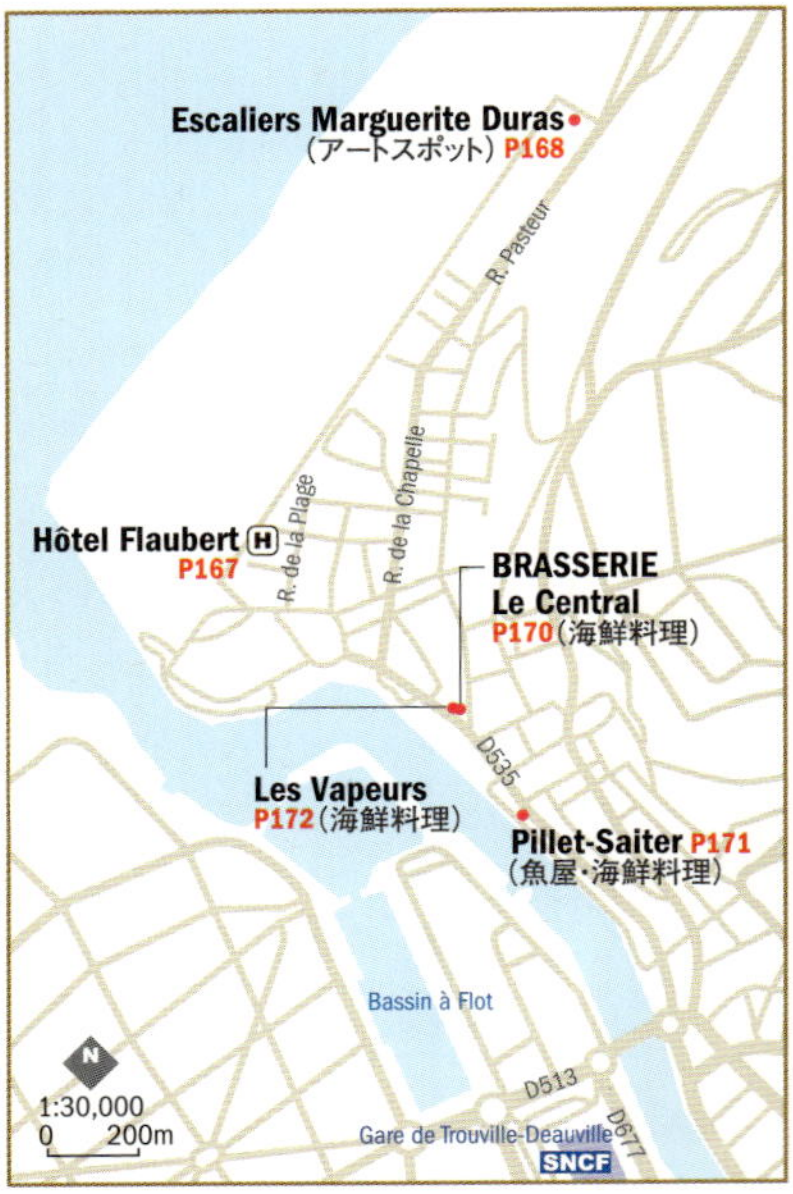

あとがき

パリで同時多発テロが起きた時、雑誌の特派員として二十年間暮らした都市が、痛々しい姿を晒しているのをみて、胸が傷んだ。『パリ・スタイル』は、明るい表紙にしたかった。鮮やかな色調で描くことを得意とするアンドレ・サライヴァに、澄み切った光に満ちたパリを描いてもらったのも、傷付いたパリを元気付けたかったから。

その主旨に賛同して、貴重なパリのアドレスを提供してくれたジェーン、カロリーヌ、パスカル、カリーヌ、アンドレ、ルシアン、フランク、マルティーヌとマリ母娘に、こころからメルシー、といいたい。

村上香住子 Kasumiko Murakami

20歳で渡仏。サイゴンにも暮らす。1974年よりフランス文学の翻訳をはじめる。主な訳書に、ボリス・ヴィアン『ぼくはくたばりたくない』、アンリ・トロワイヤ『ドストフスキー伝』『チェーホフ伝』、ヤン・アンドレア『デュラス、あなたは僕を（本当に）愛していたのですか。』など。1985年に再び渡仏し、20年間パリに滞在、マガジンハウスやフィガロジャポンのパリ支局長として活躍。帰国後、『パリ猫銀次、東京へいく』『巴里ノート――「今」のパリをみつめつづけて』『そして、それから』など刊行。南三陸の仮設住宅に住む女性たちを支援する「アマ・プロジェクト」を立ち上げ、ジェーン・バーキンなどフランスの友人たちの協力を得て活動している。http://www.amaproject.jp フィガロ誌に「猫ごころ、巴里ごころ」連載中。

パリ・スタイル 大人のパリガイド

2016年9月30日 初版第1刷発行

著者 村上香住子
写真 在本彌生
カバー絵 Andre Saraiva
ブックデザイン 有山達也、山本祐衣（アリヤマデザインストア）
地図製作 山本眞奈美（DIG.Factory）
編集 熊谷新子、當眞 文
発行者 孫 家邦
発行所 株式会社リトルモア
〒151-0051 東京都渋谷区千駄ヶ谷3-56-6
TEL 03-3401-1042
FAX 03-3401-1052
info@littlemore.co.jp
http://www.littlemore.co.jp
印刷・製本 図書印刷株式会社

ISBN 978-4-89815-446-5 C0026